지식산업센터
친구업체
칼럼김포편

아, 투, 연 소책자 2탄

지식산업센터

친구업체
칼럼 김포편

이주영 지음

청춘미디어

" 지식산업센터에 "
막차는 없다.

By. 아투연

아투연 인삿말

안녕하세요 아투연 입니다. 아투연을 운영하면서 크게 느끼는 점 하나는 각지역마다 지식산업센터 전문가 분들이 있다는 것입니다. 다만 이분들의 경우 현업이 너무 바쁘다 보니 그동안 현장에서 봐왔던 내용, 다양한 소식들을 전달할 방법에서 한계를 느껴 그동안 아투연 카페를통해서만 이를 다뤄 왔습니다. 특히나 아투연 초기부터 함께한 김포에 이주영 차장님의 경우, 학창시절 김포에서 성장하면서 김포의 변화를 경험하셨고 공인중개사 까지 취득하셔서 전문 중개인으로서 한발자국 나아가고 있을때 아투연과 2년간 함께 해주셨습니다. 그 와중에 이야기나누었던 내용과 카페에 올려주었던 칼럼내용을 바탕으로 출판 제의를 드렸고 흔쾌히 허락해주셔서 이렇게 아투연 친구업체 책이 탄생하게 되었습니다.

이 책은 김포, 그중에서도 디원시티라는 곳에 맞춰져 있지만 2년간 한 현장을 꾸준히 분양/매매/임대까지 하면서 지식산업센터의 처음부터 끝을 경험한 오롯이 이주영 차장님만이 경험할 수 있는 경험담이 고스란이 담겨 있습니다.

이 책을 통해서 지식산업센터를 제대로 이해하고 올바른 실입주, 투자를 하는데 도움이 되었으면 좋겠습니다.

아투연 장대표 올림.

목차

맺음말

1장

—

김포

디원시티는
어떻게 생겼을까요?

 디원시티가 아투연의 친구업체라는데, 도대체 이 녀석은 뭐야?? 김포는 또 무슨.... 거기에 누가 들어가겠어?? 의아해 하시는 분들이 분명 계실거고, 많이 궁금하시기도 하시겠죠?^^ 제가 김포의 매력, 한강신도시 구래지구의 비전, 디원시티의 가능성에 대해 하나하나 들려드리도록 할게요!

 디원시티의 조감도입니다! 오늘 날씨만큼이나 참 화창하죠? 조감도로만 보면 다른 지식산업센터에 비해 막 커 보이지도 않고, 뭔가 더 특별해 보이는 부분도 크게 보이지 않으시겠지만! 그건 제가 차차 하나하나 클로즈업(?) 해 드릴테니 걱정 마세요

~! 디원시티는 타워(오피스/공장)397실, 몰(상업시설)90실, 스튜디오(기숙사)180실로 구성되어 있습니다. 상업시설은 지하1층~2층에 있는데요, 조감도에서 보이는 1층이 실제로는 지하1층이랍니다. 전면부와 후면부 지면레벨차로 인해 그런건데요, 후면부는 1층부터 시작하고, 전면부는 지하1층부터 시작을 하죠. 편하게 로비층 정도로 이해해 주시면 되구요, 그래서 10층 건물이 마치 11층 건물인 것처럼 더 높게 느껴지겠죠? 갈색부분은 기숙사이고, 유리와 대리석으로 뒤덮힌 부분이 바로 지식산업센터입니다. 중간과 우측 하단에는 커튼월이라는 공법이 적용되는데요, 탁트인 통유리창으로 입주기업의 퀄리티를 한층 업그레이드 시켜줄만 하죠.

- 사업명 : 한강신도시 디원시티(김포한강신도시 자족시설용지 지식산업센터)

- 사업지 : 경기도 김포시 구래동 6871-7번지 외 2필지

- 지역, 지구 : 제1종 지구단위계획구역 (김포한강신도시), 도시지역, 준주거지역

- 건축규모 : 지하 4층 ~ 지상 10층

- 대지면적 : 8,248.40㎡ (약 2,500평)

- 건축면적 : 4,955.17㎡ (약 1,500평)

- 건폐율 : 59.81% (법정60%)

- 연면적 : 64,284.16㎡ (약 20,000평)

- 용적률 : 491.54% (법정500%) 최고높이47.8m

- 주차대수 : 461대 (법정대비175.52% 법정263대)

- 주요용도 : 지식산업센터(397실), 근린생활시설(90실), 기숙사(180실)

- 구조 : 철근콘크리트 라멘조

- 전용률 : 지식산업센터(50.86%), 근린생활시설(55.91%), 기숙사(50.32%)

한강신도시 디원시티의 대략적인 개요인데요, 최고높이는 후면부 1층부터 측정한 높이이니, 전면부에서 보면 53m 라고 보시면 될거에요. 2021년1월 책임준공/입주예정으로 시공사인 대림에서 열심히 튼튼히 최선을 다해서 계획대로 착착 진행하고 있답니다! 2018년 9월에 착공했으니 28개월짜리 대공사네요~ 암반이 화강암이라 기반공사만 무려 5개월이 걸렸답니다! ㄷㄷ 지반이 화강암이라는 것은 디원시티의 토대가 그만큼 튼튼하다는 거겠죠?

현장 너머로 국내 노래방업계 1위인 TJ미디어의 신사옥도 보입니다. TJ미디어 본사는 강서구에 있는데, 최근 사업확장으로 인해 사옥 역시 확장할 필요가 있었고, 김포 한강신도시 구래지구 업무지구에 자리잡았답니다. (상주직원300명) 이렇게 김포는 건실한 기업들이 꾸 준히 유입되고 있는 도시랍니다!

그런데 현재 진행중인 디원시티는 1차라는 사실! 왼쪽으로는 2차 예정부지가 있죠. (디원시티2차는 내년에 여러분을 만나러 갑니다~) 1차, 2차 가로길이만 해도 무려 500m !! 김포 구래지구 자족시설용지의 용적률 제한으로 10층 밖에 안되지만 대신 넓게~ 실속있고 알차게 그리고 이쁘게 지어진답니다!

    디원시티의 후면 조감도 인데요, 조감도 옆으로 지나가는 도로는 김포도시철도의 첫번째 역인 양촌역으로 향하는 최단거리의 도로이며, 현재까지는 유일한 도로이기도 합니다. 디원시티 2차가 사진 오른쪽에 지어지니까, 양촌역을 이용하려는 사람들은 모두 디원시티를 지나가야 하는 셈이 되겠죠?

한강신도시는 들어봤는데,
구래지구는 어디지?

김포 한강신도시. 들어는 봤는데, 어떤 곳인지 잘 모르시는 분들이 많으실거에요. 2기 신도시들 중에서도 상대적으로 언급이 잘 안되는 곳이니까요. 서울에 붙어 있다고는 해도, 여의도, 광화문, 강남이랑 가까운 곳은 아니니까요.

그런데, 2008년 김포 한강신도시 개발을 처음 시작한지 10년! 이제서야 대한민국 서쪽의 신도시가 포텐을 터뜨리기 시작하고 있습니다.

도시가 반듯하게 생기진 않았죠? 김포에는 군사보호구역이 몇군데 있는데, 그걸 피해서 개발하다보니 요런 모양이 되었답니다. 김포에는 이렇게 묶여있는 땅들이 제법 되는데, 이게 앞으로 김포에는 가능성이 되겠죠? 한강신도시는 김포시 내에서도 서쪽에 있는데요. 김포의 도심지는 서울에서 가까운 순으로 고촌->풍무->사우->걸포->운양->장기->구래로 나눌 수 있고, 운양, 장기, 구래가 바로 한강신도시권역입니다. 서울 강서구 마곡까지 고촌에서는 차로 15분, 구래에서는 30분 정도라고 보시면 되구요.

　그림에서 보듯 각 지구마다 특징이 조금씩 다른데요, 운양
지구는 생태,환경/장기지구는 교육,문화/구래지구는 상업,업
무 가 중심이 되는 지역입니다. 운양지구에는 아트빌리지를 비
롯 생태공원이 자리 잡고 있고 (요번 U-20월드컵 결승전 거리
응원도 이곳에서 했답니다~) 땅콩주택이라 불리는 전원주택들
도 제법 많이 있습니다. 한강신도시에서는 서울과 가장 가깝기
도 하고, 공원과 녹지가 잘 조성되어 있는 동네입니다. 장기지
구는 세무서, 경찰서 등 관공서가 자리하고 있고, KB전산센터,
신세계전산센터 등이 입주를 앞두고 있습니다. 라베니체라는
수변상가들도 잘 조성되어 있구요, 가장 먼저 개발된 곳이라

어느 정도 안정기에 접어들었습니다. 구래지구는 지금도 여기 저기서 공사소리가 끊이지 않는 곳인데, 아파트와 대형오피스텔들이 상업지를 둘러싸고 있고, 가운데로는 작은 수로가 호수공원까지 이어집니다. 김포에서 가장 큰 오피스텔인 이편한세상시티와 전국에서 3번째 규모를 자랑하는 이마트가 있습니다. 유흥상권이라 술집, 고깃집들이 즐비해 밤에도 불이 꺼지지 않는 동네이기도 하구요. 한강신도시는 운양지구+장기지구+구래지구를 합쳐 350만평에 6만세대가 들어옵니다. 공동주택 계획세대는 운양 11000세대, 장기 16000세대, 구래 26000세대로 구래지구가 가장 크구요, 구래지구는 오피스텔만 1만여 실 정도 공급될 예정이므로 앞으로 인구가 더 늘어나겠네요.

합 계	통진읍	고촌읍	양촌면	대곶면	월곶면	하성면	김포본동	장기본동	사우동	풍무동	장기동	구래동	운양동
431,096	26,782	27,069	26,174	9,871	5,547	8,257	50,569	37,516	23,445	60,038	41,244	66,706	47,878
216,422	14,207	13,609	13,949	5,688	3,063	4,516	25,012	18,313	11,777	29,519	20,263	33,008	23,498
214,674	12,575	13,460	12,225	4,183	2,484	3,741	25,557	19,203	11,668	30,519	20,981	33,698	24,380
170,957	12,930	10,524	12,862	5,330	3,010	4,023	18,919	12,824	9,847	20,966	15,133	27,129	17,460

2019년 5월 김포시청 통계인데요, 실제로도 김포에서 지금 인구가 제일 많은 동네가 바로 구래지구랍니다.한강신도시 내

자리잡고 있는 장기본동까지 포함하면 한강신도시만 인구가 20만명이네요. 김포인구가 43만명인데 그 중 절반이 한강신도시에 살고 있다고 보면 되겠죠? 현재 건설중인 몇몇 아파트를 제외하면 입주물량은 없는 상태입니다. 김포 한강신도시가 미분양무덤이라고 떠들던게 불과 3년전인데, 한강신도시의 아파트값은 다음달 개통인 김포도시철도 역세권 아파트들을 필두로 계속 상승하고 있는 상황입니다. 김포의 대장아파트가 풍무와 구래에 있으니 정말 상전벽해지요? (3기신도시 발표 이후, 2기신도시의 집값이 죄다 하락했는데 한강신도시는 나홀로 4%대 상승했다는 기사가 있었답니다.)

　운양과 장기는 개발이 완료단계고, 구래는 전체적으로 5~60% 정도 개발된 상황입니다. 10년전에 장기지구에서 첫 삽을 푼 이래로, 운양지구를 거쳐 지금은 마지막으로 구래지구 개발이 한창이랍니다. 상업지역과 자족시설용지에 프라자, 오피스텔, 현재는 유일한 지식산업센터인 디원시티 등 각종 건축이 한창인데, 아파트는 벌써 꽉 차게 들어서서 김포시에서는 구래지구를 확장시킬 계획도 준비중이구요. 사람은 계속 유입되는데 살 집이 없으니, 집을 더 짓겠다고 합니다.

　위 지도에서 구래지구의 상업지가 가장 많은 것을 알 수 있는데요, 파란색인 업무시설용지에는 보통 오피스텔들이 많이 들어서고 있답니다. 운양지구 상권은 동네상권, 장기지구는 먹자골목과 맛집도 제법 있는 데일리상권으로 볼 수 있고, 구래지구 상업용지는 서부 수도권에서는 거의 찾아볼 수 없는 유흥상권입니다. 실제로 내년 봄에는 나이트클럽이 오픈하구요.

---

*유흥주점 영업 : 주로 주류를 조리, 판매하는 영업으로서 유흥종사자를 두거나 유흥시설을 설치할 수 있고 손님이 노래를 부르거나 춤을 추는 행위가 허용되는 디스코, 카바레, 룸살롱 형태의 주점업소.

이 지도는 자족시설용지를 나타낸 건데요, 구래지구의 면적이 가장 큰 것을 확인할 수 있습니다.특이한 것은 한강신도시의 자족시설용지 비율이 다른 신도시들에 비해 매우 적다는 것인데요. 김포는 이미 구래지구 서쪽으로 277만평, 20개의 산업단지가 조성,운영 10만여명이 종사하고 있기 때문에 애초에 자족시설용지의 비율이 높을 필요가 없었다고 분석할 수 있습니다.

산업단지 내 공장들은 최소분양면적이 800평에 달하는데다 대부분 생산시설을 중점으로 한 대형 공장들인데, 땅덩이도 넓은데다 교통이 불편하다는 단점이 있어 제대로 비즈니스를 할 수 있는 공간의 필요성이 대두되었답니다. 그래서 신도시의 자족시설용지를 통해 산업단지들과 가까운 도심지에 지식산업센터를 공급하고 상대적으로 교통접근성이 좋은 도심지에서는 생산 보다 비즈니스를 더 원활히 할 수 있는 환경을 마련해준 것이죠. 산업단지에서 가장 가까운 도심지는 유흥상권을 가진 구래지구이고, 한정된 자족시설용지에 들어올 수 있는 지식산업센터는 그보다 더 한정적이기 때문에 희소가치는 더 올라가 겠죠? (아투연 카페이다 보니 당연히 지식산업센터에 포커스를 맞추게 되네요^^) 김포 한강신도시 각 지구의 특성와 상업용 지, 자족시설용지에 대해 간략히 알아보았습니다! 한강신도시 는 지금보다 앞으로가 더 기대되는 도시가 될 거구요, 특히 구 래지구는 성장가능성이 무궁한 지역이니 주목해 보시면 재미 있으실 거에요!

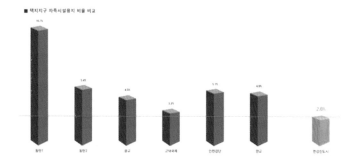

김포에도
지하철이 있다구?

여러분, 혹시 그거 아세요? 김포에도 지하철이 생긴다는 사실! 좀 더 정확하게는 지하철은 이미 있고, 이제 개통은 곧 현실이라는 사실! 이름하여 김포골드라인 또는 김포도시철도 라고 부른답니다.

2량짜리라도 있는 것과 없는 것의 차이는 엄청납니다. 현재 한강신도시에서 대중교통(버스)를 이용해 서울로 진입하려면 광역버스나 시내버스를 이용해야 하는데 한강신도시 전역은 물론 김포구도심까지 굽이굽이 거쳐가야 하므로 시간이 많이 걸리는 단점이 있었습니다. 구래지구를 기준으로 강남까지는 1시간~1시간30분, 김포공항까지는 4~50분 정도였는데요, 한강신도시와 올림픽대로를 연결하는 김포한강로 역시 계속되는 인구유입으로 출퇴근시간에는 교통체증이 빈번하게 발생하는 구간이 되어버렸었죠. 이러한 교통문제점을 크게 해소할 수 있는 수단이 바로 이 경전철입니다.

기점인 양촌역에서 종점인 김포공항까지 30분이면 이동할 수 있고, 김포공항에서 5호선, 9호선, 공항철도로 바로 환승할 수 있으니 서울 곳곳으로 손쉽게 진입할 수 있게 된 것이죠.

2량이라고 해도 출퇴근시간에 배차간격이 3분인 점은 공항

철도나 서울지하철의 배차간격을 고려해 볼 때 굉장한 메리트입니다. 저는 김포도시철도와 같은 2량 경전철을 이미 인천2호선을 통해 많이 접했는데요, 처음에는 사람들이 얼마나 파급효과가 있겠냐며 반신반의 했지만 지금은 인천의 북쪽과 남쪽을 가로지르며 수많은 이용객을 실어나르고 있습니다. 이제는 없어서는 안 될! 인천의 모세혈관 같은 존재지요. (앞 유리가 훤히 뚫려있어 탈 때마다 신기해 하는 1人입니다...) 사실 생각해보면 서울까지 다이렉트로 연결하는 전철을 가진 지자체가 많지 않습니다. 더욱이 김포시는 대부분의 사업비용을 시에서 부담했는데요, 그런 지자체는 더더욱 찾아보기 힘듭니다. 그래서 김포도시철도 개통에 대한 김포시민의 자부심은 대단하답니다.

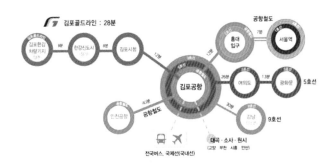

9개의 역을 가진 김포골드라인. 그 중에서도 한강신도시 구

래지구는 무려 3개의 역을 가지고 있습니다. (양촌역,구래역,마산역) 역이 3개나 된다는 건 생활권이 그만큼 크다는 거죠? 마산역은 주로 주거, 구래역은 상업, 양촌역은 업무지구의 성격을 가지고 있죠. 이전 포스팅에서 김포의 산업단지에 대해 말씀드린 적이 있는데요, 10만명이 종사하는 이 산업단지에서 가장 가까운 도심이 바로 구래지구, 이 산업단지에서 가장 가까운 역이 바로 양촌역이고, 한강신도시 대림 디원시티는 이 양촌역과 불과 350M, 천천히 걸어도 3분. 부동산투자에서 초역세권이 가지는 의미에 대해서는 다들 알고 계실겁니다.

지금은 시골 기차역마냥 작고 아담한 역으로 보이지만, 개통하면 산업단지의 수많은 종사자가 양촌역에서 회사셔틀이나 버스를 이용해 산업단지로 출퇴근하게 됩니다.(퇴근시간엔 무조건 앉아서 간다는 건 양촌역만의 특권...?) 디원시티를 비롯 구래지구의 상업시설과 자족시설이 채워질수록 이용객은 점점 더 늘어날 수 밖에 없겠죠? 곧 개통할 김포도시철도에 대해서도 알려드리고, 김포도시철도가 구래지구와 양촌역에 가져다 줄 긍정적인 모습들로 큰 그림도 한번 그려봤는데요. 마지막으

로 김포골드라인 시승영상 보여드리고 저는 다음에 또 알찬 정

보 들고 올게요!

한강신도시 구래지구에 지식산업센터가 필요한 이유?

-1-

앞서 제가 김포 서쪽에 옆으로는 서해와 강화, 아래로는 인천 검단에 이르기까지 약 280만평에 이르는 엄청난 산업단지를 가지고 있다, (여의도면적 약80만평, 약3.5배) 그래서 김포 한 강신도시의 자족시설용지는 애초에 공급면적이 넓지 않다. 라고 말씀드렸었죠?

산업단지의 입주기업과 종사자들은 꾸준히 증가하고 있는데요. 각 업계에서 꽤나 탄탄한 중견, 강소, 벤처기업들이 모여들어 기업체와 산업단지의 입지를 굳혀 나가고 있답니다.(입주기업 약26,000개, 종사자 약10만명) 이렇게 크고 많은 산업단지를 배후수요로 갖고 있는 신도시는 많지가 않아 김포 한강신도시의 자족시설용지는 상대적으로 희소가치가 더 높다는 생각이 듭니다.

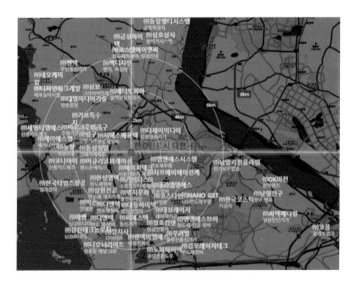

  그럼 이 넓은 산업단지, 이 수많은 기업과 공장들은 과연 지식산업센터가 정말로 얼마나 절실히 필요한걸까? 센트럴바이오? 아마 아시는 분이 많지 않을 그런 회사일겁니다. 여러분도 처음에는 김포 구래? 라고 하셨을테니 충분히 이해합니다~ㅎㅎ 이 회사는 역사가 그리 길지 않습니다만,(2016.08 창립) 이

회사가 하는 사업은 굉장히 고퀄리티입니다. 식약처의 의약품/건강기능식품/화장품, 환경부의 화학물질, 농촌진흥청의 농약/유기농업자재 위 같은 제품에 대한 안전성, 유해성, 유효성, 효능성 등의 항목을 비임상실험으로 검증하는 그런 회사입니다. 한마디로 수주를 정부기관에서 주는 그런 기업인거죠.

　이 비임상실험은 높은 수준의 기술력과 실험장비들이 필요한 어려운 업무입니다. 이 회사는 창립되자마자 높은 기술력을 인정받아 한달 뒤에 바로 벤처기업으로 지정이 되었고, 이후로는 정부기관의 20개에 이르는 시험항목을 검사하고 있습니다. 당연히 성장속도도 빠를 수 밖에 없겠죠? 센트럴바이오라는 회사는 김포 산업단지 내 수많은 탄탄기업들 중의 하나이며, 좋

은 예시라고 보시면 됩니다. 그런데, 이 회사와 연구소는 어디에 있을까요?

아이쿠! 이런;;; 저기가 어디죠? 김포 도심지를 한참 벗어나서 강화도로 들어가는 도로에서도 어딘가로 더 들어가야 하는 곳이군요. 시골이라면 시골일 수 있지만, 사실 저 곳에도 공장들이 제법 많답니다. 땅값도 저렴하고 김포시에서 세제혜택도 많이 주었기 때문이죠. 실제로 땅, 공장 위주로 취급하는 부동산중개사무소도 많구요. 아무튼 센트럴바이오 본사에서 가장 가까운 도심지인 한강신도시 구래지구까지 차로 이동해도 얼추 30분이 걸리는군요. 센트럴바이오처럼 사업을 점점 확장해 가는 회사에게는 이 불편한 교통편의성 해소가 바로 마지막 퍼즐이라고 할 수 있겠네요. 자, 이제 센트럴바이오는 마지막 퍼

즐을 어디서 찾아 끼웠을까요? 위 기사에서 보듯 바로 한강신도시 구래지구입니다.

길건너편까지 행정구역상 구래지구인데, 2층짜리 단독건물로 1층은 제조시설로 2층은 사무실로 사용합니다. 대지면적 약 500평에 연면적이 약 200평 가량 되는데, 행정구역상 구래동보다는 길건너 양촌읍이 조금 더 저렴했을거고, 센트럴바이오 같은 탄탄한 벤처기업이 회사를 확장하기에는 아주 스마트한 선택이었다는 생각이 드네요. 센트럴바이오는 5월에 상업과 업무 인프라를 갖춘 구래동으로 진출함으로써 부족했던 2%, 불편한 교통접근성을 해소하게 됩니다. 센트럴바이오는 구래지

구에 단독사옥을 건축해 비즈니스의 새로운 교두보를 마련했지만 김포산업단지 내의 수많은 기업들 가운데에서도 규모나 더 작거나, 직원수가 더 적거나, 그보다 여력이 조금 부족한 회사들, 임대료를 경비처리 하는게 더 이득인 회사들, 바이어나 고객 미팅이 점점 더 잦아지는 회사들, 비즈니스를 더 크게, 제대로 하고 싶지만 단독사옥을 짓기에는 부담스러운 회사들이 분명히 더 많이 존재하고, 그런 기업에게 구래지구의 지식산업센터는 분명 매력적일 수 밖에 없겠죠.

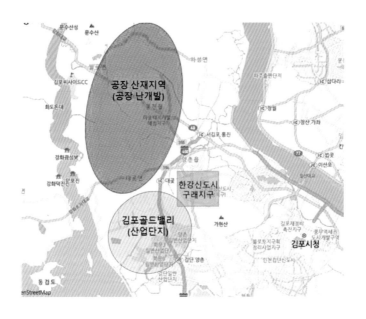

가장 가까운 역, 서울 진입이 가장 가까운 도로, 가장 가까우면서도 큰 유흥상권, 한강신도시에서 가장 큰 세대수와 거주민을 가지고 있으니까요. 실제로도 구래지구 최초이자, 양촌역 초역세권인 대림 디원시티1차의 경우, 임차대기수요들의 문의가 꾸준히 이어지고 있는 상황이랍니다. 오늘은 어찌보면 정말 별것 아닐 수도 있는 짧은 기사를 가지고, 김포 산업단지와 구래지구 지식산업센터와의 연관성을 가볍게 훑어봤는데요, 도움이 좀 되셨으려나요?

한강신도시 구래지구에 지식산업센터가 필요한 이유?

-2-

아니, 기온이 34도까지 올라갔다는데.. 다들 살아계신가요? 이럴수록 수분섭취 충분히들 하시구, 그렇다고 또 에어컨 너무 쐬지 마세요~ 저번에는 '센트럴바이오'라는 작은 벤처기업이 구래동 확장이전 기사를 가지고 광활한 김포산업단지 내 수많은 기업들에게 구래지구에 지식산업센터가 필요한 이유, 거기에 구래지구 최초로 들어서는 지식산업센터의 메리트와 중요성을 알아보았는데요. 요번에는 반대로! 김포 자체 기업수요가 아닌 서울 기업의 수요에 대해 한번 짚어볼까 합니다.

"그래, 김포에 엄청 큰 산업단지가 있는 것도 알았고, 기업이 엄청 많은 것도 알았고, 그 기업들한테 지식산업센터가 필요하다는 것도 알았는데... 그래도... 그런데 그게 뭐? 김포가 전부잖아? 서울에 있는 기업들은 김포로 가지 않는다구!" 라고 그렇게 생각하신다면,,일단 우선 한강신도시 구래지구에 최초로 들어서는 대림 디원시티의 경우, 서울기업이나 대기업 수요가 굳이 없어도 수요에 비해 공급이 매우 부족한 상황이라는 건 앞서 말씀드렸구요. 그럼 이번에는 서울에 사업장을 두고 있는 기업들이 서울의 서쪽, 김포를 주목하고 있다는 사실에 대해 한번 스윽 가볍게 훑어보는 건 어떨까요?

국내 수첩, 다이어리 업계 1위가 어디인지 아시나요? 그 회사가 바로 '양지사'라고 말씀드리면 다들 무릎을 탁! 치시곤 하죠. 양지사는 업계에서는 독보적인 1위일 뿐만 아니라, 심지어 제조량의 80%를 수출하는 기업입니다. 출하량의 20%만으로도 국내시장을 휘어잡고 있다는 말이기도 하구요. 양지사 구사옥은 가산디지털단지의 금싸라기 땅에 위치하고 있습니다. 지금은 임대를 내주고 있는 것으로 알고 있는데, 옛날 공장느낌이 팍팍 나는 건물입니다. 바로 그 금싸라기 땅에서 벗어나 김포골드밸리 양촌산업단지에 2011년 이전하고 난 후부터 재정 건전성이 눈에 띄게 좋아졌고, 양지사 본사 맞은 편으로는 양지사의 계열사인 명지문화 사옥과 공장도 함께 짓게 되었죠. 2010년 즈음 스마트폰 사용량이 급증하고 사람들이 종이 다이어리를 멀리하면서 양지사도 휘청거릴 때가 있었는데, 땅값도 저렴하고, 세제혜택도 있고, 수출 및 물류 동선에도 강점이 있는 김포로 들어와 오히려 가산에서보다 더 크게 확장해 공격적인 비즈니스를 시도할 수 있었죠. 한마디로 쓸데없는 지출을 줄여 오히려 생산규모와 상품기획에 집중할 수 있는 여건을 만들었다는 겁니다. 양지사는 '서울'이라는 '상징성'보다는 실리를 추구했고, 그 동안 가산 구사옥의 시세와 임대료도 많이 올라 양지사는 일석이조를 얻었답니다.

  최근으로 눈을 돌려보면 또 다른 업계1위의 주목할만한 이전이 있었는데요, 노래방기기/음향기기에서 업계1위인 'TJ미디어'가 바로 그 주인공입니다. TJ미디어는 예전의 태진미디어로 잘 알고 계실거고, 대한민국 국민이라면 이제는 그 이름과 로고를 모르는 사람이 없을 정도죠? TJ가 업계1위를 차지한 지 꽤 오랜 시간이 지났죠. TJ미디어의 힘은 단순히 기기제조와 특허에만 있는 것이 아니라 코인노래방, 음원칩, 수출에 있습니다. 더 많은 노래를 담은 음원칩을 개발하는 것이 핵심이고, 그렇게 확보한 음원들을 1~2곡에 500원에 제공하는데, 코인노래방은 95%를 점유하고 있는 회사죠. 이 음원들을 발판삼아 TJ미디어가 승승장구 중이니 자본력 또한 가늠해 볼 수 있겠죠? (IMF 당시 TJ미디어는 부채없이 현금으로만 160억을 보유하고 있었는데, 예금금리가 20%가 되면서 꽤 많은 이자수익을 거둔 적도 있는 알토란 기업이랍니다)

TJ미디어 본사는 강서구 등촌동에 있는데요, 사무동, 생산동, 음악동 이렇게 건물만 3개나 될 정도로 꽤나 크답니다. TJ의 사업이 번창중이니 당연히 생산량도 많이 늘었겠죠? 요즘 땅값, 집값이 핫하다는 강서구에서는 사옥을 더 늘리기에는 부담이 많을 수 밖에 없습니다. TJ미디어 역시 수출이 용이하고, 저렴하고, 세제혜택을 누릴 수 있는 김포로 눈을 돌리게 됐죠.

그리고는 김포 구래지구 복합업무지구 디원시티1차 맞은편에 자리를 잡았답니다. TJ미디어 구래사옥에는 대부분의 생산라인이 이전하고, 그에 맞춰 사무업무도 상당부분 이전했습니다. 보도자료에 의하면 생산동의 면적이 강서본사의 약 3배, 상주직원들만 300명 가까이 된다 하니, 역시 작은 규모는 아니죠? (CJ E&M이 일산에 자체 스튜디오를 가지고 있는데, TJ도 좀 더 사업이 커지면 김포사옥 근처에 그런 스튜디오를 만들 수도 있지 않을까 하는 낙관적인 예상도 살포시 해봅니다.) 또한 반주기기의 경우 모든 부품은 외주수급하고, 세밀한 조립공정 위주로 하고 있는데, 당연히 김포 산업단지를 통해 부품 수급도 보다 원활하게 되었죠.

위 두 기업은 모두 수출이 큰 비중을 차지하는 업계1위 기업들인데, 수출의 주출입구인 인천 북항과의 접근성이나 물류비용, 산업인프라, 세금 등 여러가지 실리적인 조건들로 인해 서울에서 김포로 이전한 사례들입니다. 구로, 가산, 강서, 부천 등

에는 양지사나 TJ미디어와 비슷한 입장에 놓인 기업들이 아직 많습니다. 하지만 두 기업들보다 여력이 부족해 단독사옥이나 공장을 크게 짓기 어려운 회사들이 대다수입니다. 특히나 김포 골드밸리는 수출비중이 높은 기업들에게는 불필요한 물류비용을 줄이고, 다양한 세제혜택을 통해 항아리 밑에 났던 작은 구멍을 막아주는 기회의 땅이 될 수 있고, 가장 가깝고 가장 먼저 들어서는 디원시티는 가장 적합하고 매력적인 지식산업센터일 수 밖에 없겠죠?

또한 실제로 김포시에서는 김포의 산업단지 내에 튼실한 기업들을 꾸준히 유치중이며, 자체적으로 홍보영상도 만드는데, 중소기업들을 대상으로 한 홍보물을 제작하는 지자체는 많지가 않답니다. 실제로 입주기업들의 만족도도 매우 높은 수준에 속하구요. 산업단지에서 가장 가까운 초역세권 지식산업센터 대림 디원시티에서도 서울과 김포의 중소, 강소, 벤처기업들의 문의가 꾸준히 이어지는 중이며, 입주에 관한 미팅도 계속 이어지고 있습니다. 김포골드밸리와 대림 디원시티의 미래가치에 주목해 보세요!!

김포에 지하철이
하나 더?

더군다나 김포도시철도 개통이 연기됨으로써 (이미 김포에 거주하시는 시민분들이나 기투자자 분들에게는 조금 실례될지도 모르겠지만...) 한강신도시 내지 김포에 발 들이기에 늦었다고 판단하셨던 분들에게도 다시 한번 타이밍이 생긴 것 같고, 오히려 투자하기에는 기회가 될 수 있다는 생각입니다. 자, 김포도시철도는 당장은 연기됐지만 언제가 됐든 개통이 목전이라는 것은 자명한 팩트이고, 대림 디원시티 1차가 입주를 시작하는 2021년 1월 이전에는 개통 뿐만 아니라 활성화까지 되어 있을 거라는 것은 더욱 확실한 팩트!

거기에 플러스 알파로 김포에 지하철이 하나 더 생길 가능성이 농후하다는 뉴스를 하나 들고 왔습니다. 사실 이 5호선 연장 방안은 꽤 오래 전부터 나온 이야기인데요, 애초에 5호선 연장이 잘 되었더라면 김포도시철도는 탄생하지 않았을지도 모릅니다. 어쨌거나 지금 김포 인구가 50만에 육박하고, 한강신도시 인구만 20만명이니 교통망이 더 필요한 것은 당연한 일입니다. 2량짜리 경전철이 있으면 좋은 것도 사실이지만, 그 이상의 것이 필요한 것도 사실이구요.

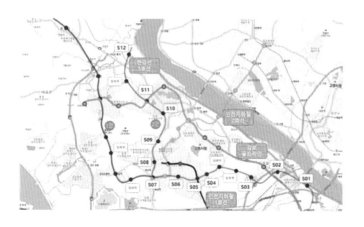

1안은 돈이 참 많이 들어갈만한 사업이지만, 나중에 두 번 일할 필요가 없는 방안입니다. 제 생각에는 가장 필요한 노선이

라는 생각도 들구요. 김포구도심〉검단신도시〉검단구도심〉한강신도시 까지 전부 다 아우르는 노선이거든요. 현재 인천과 김포를 오가는 교통편은 생각보다 많이 열악합니다. 인천 남동공단부터 청라, 검단, 한강신도시, 일산까지 하나의 광역생활권이 되어 가고 있는데, 수직적인 교통체계가 많이 불편하니까요.

1안은 구래역이 환승역이 되는데요, 앞으로 한강신도시의 확장방향과 그 궤를 같이 하고 있어 가능성이 없지 않아 보입니다. 다만, 사업타당성, BC값이라고 하는게 생각보다 짜기 때문에... 역시 그 부분이 관건이겠죠?

그래서 김포시에서 공들이고 있는 게 김포한강선입니다. 김포 고촌, 풍무를 지나 검단신도시에는 2개 정거장만 주고 다시 한강신도시 쪽으로 빠지는 노선이죠. 사람들이 장래에 많이 몰릴만한 동네들만 효율적으로 운행하자는건데, 당연히 사업타당성이 상대적으로 높게 나올만한 방안이죠? 추후에 인천지하철2호선을 일산까지 연결하려는게 인천, 김포, 고양시의 방향이기 때문에 5호선 연장은 횡적인 교통망에서는 마지막 퍼즐이라고 할 수 있습니다.

자, 오늘 이 뉴스에 대해 왜 이리 장황하게 떠들었을까요? 5

호선이 어딜 거쳐 어떤 노선으로 확정이 되든, 최대 수혜지역은 김포 한강신도시이기 때문입니다.

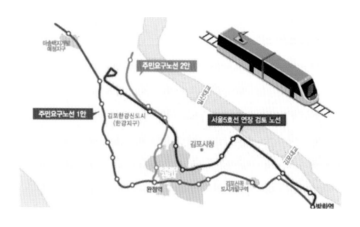

김포도시철도로 서울접근성이 2배 좋아졌다면, 5호선이 연장되면 4배 좋아지겠죠? 그리고 또 하나, 많은 분들이 서울접근성만을 따지시는 경우가 있는데요. 김포 서쪽, 구래 너머로 280만평에 달하는 산업단지가 있다는 사실, 잊지 않으셨죠?

서울접근성이 올라가는만큼 이 산업단지의 접근성 또한 올라간답니다. 서울에서 비싼 땅값, 임대료를 감당하기 부담스러운 공장, 기업들이 김포가 매력적임에도 불구하고, 완전히 판단을 내리기 어려웠던 부분이 바로 이 지점입니다. 산업단지로의 접.근.성. 물론 서울에 있을 때만큼은 아니겠지만, 지하철이 2개 노선이 들어가는 동네로 직장을 이전하자고 하면 예전만큼 반대가 심하지 않겠죠?

서울기업체들의 김포산업단지로의 입주는 점점 가속이 붙을 겁니다. 그렇게 되면 자연스럽게 산업단지와 가장 가까운 역, 업무지구, 상업지구, 그리고 지식산업센터는 긍정적인 효과를 받을 수밖에 없다는 사실! 거기는 바로 김포 구래지구 & 디원시티!

김포가 이제 곧
'금포'가 됩니다!

어떤 이야기를 들려드릴까 하다가 최근에 김포의 굵직한 호재들을 정리한 뉴스를 하나 가져왔습니다. 김포가 그동안 좋은 지리적 이점을 가지고 있음에도 외면받고 저평가 되어졌는데요. 이제는 점점 때가 무르익어 가고 있네요. 기사에 제법 디테일하게 내용이 적혀있지만, 가볍게 정리를 한번 해보도록 할까요?

1. 김포도시철도 개통

오는 7월27일 개통되었어야 할 이 김포도시철도가 개통이 연기되었다는 말씀 드렸었죠? 시기의 문제이지만 그래도 개통이 되는건 엄연한 사실입니다. 당연히 김포 전체에 가장 큰 이슈가 될 중요한 호재이구요. 아파트를 비롯한 주택, 상가, 지식산업센터 등 부동산은 물론이고, 정치, 경제, 문화 등 다방면에서 이 전철노선 하나가 가져올 파급효과는 실로 클 수 밖에 없답니다. 과거 분당이 강남업무권의 영향으로 성장했다면, 김포는 강서업무권의 영향을 가장 크게 받게 되는데요. 전에는 강서에 업무지구가 따로 없었지만 이제는 마곡이라는 거대한 업무단지가 생긴데다가,

상암이나 마포, 홍대, 합정 등 서울 서부권의 비즈니스 라인이 점점 탄탄해져 가면서 김포로의 인구유입도 활발하게 일어나고 있는 상황입니다. 2015년 말 35만명이던 인구가 2019년 6월 46만명을 돌파했으니, 3년 반만에 11만명이 늘어났고, 그 와중에 서울유입인구는 매년 1,2등을 다투는 도시가 되었습니다. 김포도시철도가 개통하게 되면 그 속도는 더욱 빨라질 거라고 예상할 수 있는 대목입니다.

2. 김포 한강시네폴리스 개발사업

10년을 표류하던 시네폴리스 사업이 다시 재개되었는데

요, 규모도 규모이고, 사업비가 워낙 막대해 기업들이 쉽게 손을 대지 못했었죠. 첨단영상산업을 집중적으로 육성하고 생산하기 위한 산업단지인데, 처음에는 저도 과연 이게 현실적으로 얼마나 효용성이 있을까 의문이었지만, 지금 돌아가는 상황을 보아하니, 이제는 충분히 사업을 시행할만한 타이밍이 됐다는 생각입니다. 아투연 회원 여러분들 혹시 상암에 종종 가시나요? 상암이 처음 개발되기 시작했을 때 그곳이 방송,영화,영상산업의 메카가 될 거라고는 아무도 크게 생각하지 못했었죠. 쓰레기매립하던 동네라고 천대받곤 했었는데, 지금은 유수의 방송사들과 스튜디오들이 즐비한 곳이 되었습니다. 그런 상암이 지금 벌써 사무실, 스튜디오, 주거시설이 포화상태입니다. 상암의 기업들과 종사자들이 어디로 흘러나갔을까요?

바로 마곡입니다. 미분양과 공실이 넘치던 그 마곡의 공급을 상암의 수요들이 일정부분 채우고 있다는거죠. 마곡개발은 현재진행형입니다. 상암의 수요들이 마곡에서 오래 머물 수는 없습니다. 왜? 마곡의 오피스들은 방송/영상에 적합하지 않은 경우들이 많기 때문입니다. 애초에 방송과 영상을 위해 만들어진 상암과 연구개발 비즈니스를 위해 만들어진 마곡의 색깔은 다를 수 밖에 없죠. LG, 코오롱, 넥센, 롯데 등 대기업들이 마곡에서 입지를 굳혀갈수록 상암수요들은 다시 다른 곳으로 눈을 돌려야 합니다. 그럼 마곡에서 10분거리에 있는 김포 시네폴리스는 당연히 방송,영상,영화 관련 기업들에게 입지만으로도 충분히 어필할 수 있게 되는 겁니다.

3. 김포 평화경제자유구역

　이건 아직 확정적인 것은 아니지만 가능성이 매우 높은 호재입니다. 특히나 구래지구에 위치한 디원시티에도 매우 긍정적인 신호이기도 하구요. 이전의 칼럼들을 통해 김포 서쪽에는 광활한 산업단지들이 분포되어 있는데, 강화 쪽으로 갈수록 공장난개발이 심하다는 이야기를 드린 적이 있습니다. 이 평화경제자유구역 추진은 바로 이런 난개발 된 공장밀집지역에 대한 도시환경 개선과 미래 전략산업 육성 및 남북경제 협력을 위한 거점 도시를 만들기 위한 김포시의 전략적 정책의 일환입니다. 2020년에 자유경제구역이 추가로 지정될 예정이고, 김포시는 미리 준비해서 9월에 후보지로 신청할 계획입니다. 그래서 개발행위제한이 고시되기도 했죠. 입지나 타이밍이 경제자유구역으로 지정되기에 상당히 적합합니다. 경제자유구역으로 지정이 되면 난개발 되었던 공장과 기업들을 흡수하고, 택지를 조성해 자족도시로 변모하게 될 것입니다. 김포 평화경제자유구역은 바로 아래 유흥상권과 업무지구를 갖춘데다 김포에서 인구도 제일 많은 구래지구에도 긍정적인 영향을 미치리라 봅니다. 설령 이 대상지들이 경제자유구역으로 지정되지 못하더라도 김포시에서 그리는 큰 그림, 제2한강신도시를 위해 매우 중요한 지역이니 눈여겨 보시는 것도 좋을 것 같습니다.

김포에 이런 굵직한 호재들이 생겨나고 있는데, 요즘 커뮤니티에 떠도는 말들에 따르면, 고 정주영 회장님께서 김포의 가치를 먼 옛날부터 알아보시고는 김포가 금포가 될 거라는 말씀을 하신 적이 있으시다네요. 금포가 될 김포에서 디원시티와 함께 미래를 맞이해 보세요!

지식산업센터
'설계'의 중요성

아투연 회원 여러분, 혹시 지금 거주하는 아파트, 출근하는 사무실, 투자하셨거나 투자하고 싶은 지식산업센터 등 누가 혹은 어떤 회사가 설계했는지 알고 계신가요? 보통 우리가 알고 있는 브랜드들은 건설사, 즉 '시공'업체인 경우들이 많은데요. 김포 한강신도시 구래지구 최초이자 초역세권 지식산업센터 디원시티의 경우에도 '대림 디원시티'로 많이들 알고 또 그렇게 부르고들 계시답니다. 하지만 모든 일에는 순서가 있는 법이고, 건축에서도 가장 기초가 되는 작업은 바로 '설계도'랍니다. 밑그림이 제대로 그려지지 않은 그림은 절대 명화가 될 수 없겠죠?

사실 '설계'를 강조하는 직원들은 아마 자주 보시긴 힘드실거에요. 일단 메이저 건축사들에게 설계프로젝트를 맡기려면 일단 규모도 규모여야 하고, 사업비도 많이 들어가고, 상징성, 타당성 등 무수히 많은 조건들을 따져야하고, 그렇기에 설계를 맡은 건축사를 강조할만한 건축물이 많지 않기도 하고. 설령 그렇다하더라도 설계/건축에 집중해서 조사하거나 공부하시는 직원분들도 많지는 않으시기 때문입니다. 그런 의미에서 오늘은 '대림 디원시티'의 밑그림을 누가 그렸는지, 어떤 경력을 가지고 있는지, 제가 그 동안 공부한 내용들을 한 번 같이 알아보도록 하겠습니다.

디원시티는 〈해안건축〉이라는 회사에서 건축설계와 디자인을 맡았는데요. 아시는 분들은 아시겠지만, 일반인들은 잘 모르는 게 당연한 회사입니다. 이 회사는 1990년에 창립되었고, 29년째에 국내4위, 해외22위에 위치하고 있는 아주 탄탄하기 그지 없는 회사입니다. 강남의 노른자인 봉은사로에 자체 빌딩 사옥만 2개나 있다는... 수치상으로만 4위지 사실상 업계1위, 건축업계의 삼성으로 알려져 있습니다. IMF와 금융위기를 겪으면서도 인위적인 구조조정을 한 번도 거치지 않았을 정도구요. 오히려 IMF시기에도 신입직원을 채용하기도 했던 강단있는 회사랍니다.

강서구 마곡에 최근 준공된 '더 넥센 유니버시티'입니다. 무섭게 커지고 있는 넥센의 기업퀄리티와 타이어라는 상징성이 한눈에 들어오는 건물이죠? 첨에 지나다닐 때는 도대체 뭔 건물인데 유리창이 이렇게 붙어있지? 라고 생각했는데.. 다 지어지고 보니 해안건축의 디테일에 무릎을 탁! 치고 갑니다.

이 외에도 해안건축이 최근에 마무리한 프로젝트들만 봐도 입이 쩍 벌어지는데요. 아모레퍼시픽 세계본사, 창원NC파크, 호반그룹사옥, 성심병원 신관, 코오롱 온리앤원타워, 올림픽체조경기장, 춘천시청사 등등...

특히 그 중에서도 아모레퍼시픽 사옥과 코오롱 사옥, 넥센 사옥 등은 건축관련 수상도 많이 하고, 언론과 전문가로부터 극찬을 받고 있죠. (제가 언급하지는 않았지만 주거단지, 주거복합단지 등도 서울과 수도권에서 이미 성공적으로 해오고 있는데, 요즘은 임대주택, 행복주택에 손을 많이 대고 있다고 합니다. 그 이유가 참 재밌는데요. 민간사업으로 주택을 시행하는 경우 기업들이 사업성 때문에 실험적인 부분을 꺼려하기 때문이라고... 정부에서 밀어줄 때 신나게 이것저것 시도해보겠다는 거죠.)

해안건축은 특히 업무시설에서 빛이 더 많이 납니다. 위에 말씀드린 기업들 사옥에 더해 이마트사옥, 안철수연구소, 삼성SDS, 유비쿼스, EBS, 여의도MBC 등 수많은 사옥들을 건축했습니다. 이 외에도 국민연금공단 제2사옥, 경기도보건환경연구원, 기금운용본부 사옥, 한국산업은행 IT타워, 국회 스마트워크센터/프레스센터, 정부세종청사1-1, 2-2 등 정부사업에서도 굵직한 프로젝트들을 성공시켰습니다. 해안건축이 설계한 건축물들은 대부분 랜드마크라고 보시면 될 정도로 외관과 규모가 가히 압도적이랍니다.

이런 오피스건축물들을 설계하면서 축적된 해안건축의 실력과 경험, 노하우는 지식산업센터에도 고스란히 녹아들게 되는데요. 아투연의 본사(?)가 있는 가산디지털단지에서도 해안의 작품을 보실 수 있습니다. 다름 아닌 가산 SK V1센터와 W센터인데요. 가산디지털단지에서 대장을 담당하고 있는 지식산업센터죠.

옆동네 구로디지털단지에는 G-밸리가 있구요, 여기엔 넷마블이 자리잡고 있죠. 성수동, 판교, 송도 등에서도 오피스빌딩들을 꾸준히 설계한 해안의 기술은 해외에서도 인정받고 있습니다. 해외법인과 지사를 합쳐 6개에 달합니다. 미국의 심장부인 뉴욕과 중동의 심장부인 사우디에 들어갔으면 말 다 했죠?

이런 회사에게 건축을 맡기려면 돈만 많이 준다고 과연 될까요? 디원시티의 입지나 사업성, 구래지구의 성장가능성이 충분하다고 판단했다는 이야기도 되겠죠? 해안건축은 디원시티에도 여러가지 특화된 설계디자인을 적용했고, 이미 아시아경제신문에서 2018히트상품 중 하나로 선정되었을 정도입니다. 실내에 기둥을 없애고 각 구역을 광폭화해 공간활용도를 극대화시킨 5.1모듈 설계, 커튼월시스템, 디원컬쳐라인, 2개의 대형

중정, 층고12M의 로비, 태양광전기시스템, 우수저장시스템, 옥상정원, 전호실 발코니, 숏커트에스컬레이터 등등 텍스트로만 설명드리기가 민망할 정도네요..ㅎㅎ

　장황하게 말씀드렸지만,, 간단하게 요약하자면! 김포 한강신도시 구래지구 최초이자 초역세권 지식산업센터 디원시티는 사실상 국내1위 건축사인 (주)해안건축에서 설계하고, 국내3위 건설사인 대림산업(주)에서 시공하고 있습니다!!

디원시티의 수익률을
같이 계산해볼까요?

다들 아파트형공장, 지식산업센터의 수익률이 높다는 건 알고 계시죠? 서울 내의 지산들은 현재 분양가 또는 매매가가 점점 높아져 투자비용은 높아지고 수익률은 점점 낮아지는 반면, 수도권의 지산들은 상대적으로 저비용, 고수익률을 보이고 있는데요. 도대체 그 수익률이라는 게 어떤 식으로 계산되는 걸까요?

간혹 도로가에 걸려있는 현수막을 보면 수익률 20%!!! 많게는 25%!!! 이런 문구들을 심심찮게 보곤 하시죠? 저도 지산을 접하기 전에는 '어디서 사기질이야?' 하면서 코웃음을 치고 그냥 흘려버리곤 했었답니다.

　그런데 이 수익률이 정확하게 어떤 말인지, 어떻게 구하는지 종종 헷갈려 하시는 분들이 있더라구요~ 그럼 오늘은 한강신도시 구래지구 최초 역세권 지식산업센터 대림 디원시티를 예로 들어 지식산업센터 수익률을 한번 파헤쳐 보도록 할까요? 오늘은 먼저 다소 텍스트가 많을 수도 있으니 양해 말씀 구하구요, 대신! 오늘 수익률을 파헤쳐 놓으면 지산이든 오피스텔이든 상가든 아파트든 부동산을 가든 모델하우스에서 상담을 받든 내가 직접 이 수익률이라는 것을 쉽고 빠르게 구할 수 있게 되면 여러모로 편리한 점이 많아진답니다!

　수익률이란 쉽게 이야기하면 내가 얼마를 투자해서 얼마를 버느냐죠? 얼마를 투자했느냐는 보증금까지 제외한 실투자금, 얼마를 버는지는 연수익이 기준이 됩니다. 보통 부동산중개사무소에서 상가 임대차 또는 매매시 이야기하는 수익률은 간단하게 계산하는 수익률로서, 대출을 포함하지 않고 계산을 하구요, 월세를 빠르게 가늠해 볼 수 있죠. ex1) 10억짜리 상가, 수익률5%의 적정 월세는? 10억짜리 상가라면 보증금이 1억 정도 되겠군요. (보증금은 보통 매가의 10% 정도를 기준으로 임차인과 협의를 하곤 합니다. 지금은 계산하기 편하게 1억으로 잡아볼게요~) 그럼 9억을 투자해서 9억의 5%인 4500만원을 매년 벌어들인다는 이야기인데요, 4500만 ÷ 12 = 375만원이 이 상가의 월세가 되겠지요.

ex2) 10억짜리 상가, 월세 375만원의 수익률은? 위 사례를 반대로 계산하는 건데요, 보증금 1억을 제외한 9억을 투자해서 월375만 x 12개월=4500만원을 버는 셈이고, 4500만 ÷ 9억 x 100=5% 가 나오게 됩니다.

이를 공식화 하면 아래와 같습니다.

수익률= 연수익(월세x12개월) ÷ 실투자금(매매가or공급가-보증금) x 100

자, 그럼 한강신도시 구래지구 최초이자 초역세권 지식산업센터인 대림 디원시티는 어떨까요? 가장 많은 비중을 차지하는 타입으로 이미 계약된 호실을 기준으로 한번 계산해보도록 할게요.

※부가세(건물분의10%)의 경우 100% 환급이 되는 세금이니, 계산시에는 제외하도록 하겠습니다. 취득세(4.6%)는 어떤 부동산이든지 당연히 내야 하는 세금인데다, 환급받는 부가세로 상쇄하고도 남으니 이 두가지 세금은 논외로 하겠습니다.

디원시티 수익률 = 12,000,000(연수익) ÷ 193,300,000(공급가-보증금) x 100 = 6.2%

디원시티 937호	전용17.28py/발코니2.12py(확장가능)
공 급 가	₩203,300,000
부 가 세	₩14,851,000
총 분 양 가	₩218,151,000
예상보증금/월세	1000만 / 100만

음... 6%대의 수익률이라면 월세가 아주 잘 나오는 상가나 일

반공장의 수익률이 되겠군요. 하지만 걱정마세요! 우리에게는 은행이 있으니까요! 지식산업센터 투자의 가장 큰 메리트 중 하나는 높은 대출비율이죠? 디원시티의 경우 2021년1월 입주를 시작하는데, 기본 70%, 개인신용과 여러 조건들을 취합하여 80%까지 대출이 가능할 것으로 보입니다. 그럼 당연히 나의 투자금은 20%로 줄어들게 됩니다. 대출이 들어가게 되면 계산상 한가지 과정을 더 거치게 되는데요, 월세x12의 단순한 연수익이 아닌 이자 비용을 제외한 순수한 연수익을 구하면 되는 것이지요. 지식산업센터는 시중금리보다 저렴한 금리가 적용되구요, 보통의 대출금리보다 0.5~1%정도 낮은 금리로 대출을 이용하실 수 있게 됩니다.

이를 공식화 해보면, 연순수익(연수익-이자비용) ÷ 실투자금(대출제외한 투자금-보증금) x 100

아까 계산해보았던 위 조건에 금융비용을 추가해 보도록 하겠습니다. 금리는 요즘 인하되는 분위기이지만, 변동이 심하니 일단 보수적으로 예측하겠습니다. 더 낮아지면 저희한테는 좋은 거니까요 ㅎㅎ

그럼 한번 계산해보도록 할게요. 실투자금= ₩203,300,000

x 20% - ₩10,000,000(보증금) = ₩30,660,000 일단 1억9천에 달하던 투자금이 1/6도 안 되는 금액으로 바뀌었네요! 연순수익= ₩12,000,000(월세x12) - ₩5,700,000(연이자) = ₩6,300,000 즉, 약 3천만원을 들여서 매년 630만원을 벌어들일 수 있다는 이야기가 됩니다. 순수익률= 6,300,000(연순수익) ÷ 30,660,000(실투자금) x 100 = 20.5% 현수막에서나 보던 20% 수익률이 이론상으로는 충분히 가능하다는 걸 직접 계산해 보시게 되었습니다.

디원시티 937호	전용17.28py/발코니2.12py(확장가능)
공 급 가	₩203,300,000
부 가 세	₩14,851,000
총 분 양 가	₩218,151,000
예상보증금/월세	1000만 / 100만
대 출 (8 0 %)	₩162,640,000
연이자(3.5%)	₩5,700,000

그렇다면, 여기서 몇가지 의문점이 발생하실 텐데요.

1. 과연 대출이 80%가 나올 수 있을까?

2. 공실이 발생하지는 않을까? 얼마나 있어야 임차를 맞출
   수 있을까?

3. 과연 월세는 100만원을 받을 수 있을까?

디원시티 수익률
파헤치기2!!

1. 과연 대출이 80%가 나올까요? 대출 비율을 무리하게 높여서 수익률을 뻥튀기 한 것 아닌가요?

저도 충분히 의심하실 수 있는 의문점이라고 생각합니다. 하지만 80% 대출을 받는 분들이 있으니, 뻥튀기라고 하기는 어렵구요. 쉽게 맥시멈 정도로 생각해주시면 좋을 듯 합니다. 보통 지식산업센터는 대출 시 담보가치를 70% 정도 책정합니다. 내 신용이 8등급 정도가 아니라면 70%는 대출이 가능하다는 이야기인데요, 그럼 여기서 대출을 70% 받았을 경우의 수익률도 한번 계산해 보고 갈까요

디원시티 937호	전용17.28py/발코니2.12py(확장가능)
공 급 가	₩203,300,000
부 가 세	₩14,851,000
총 분 양 가	₩218,151,000
예상보증금/월세	1000만 / 100만
대 출 (7 0 %)	₩142,310,000
연 이 자 (3 . 5 %)	₩4,980,000

- 실투자금= ₩203,300,000 x 30% – ₩10,000,000(보증금) = ₩50,990,000

- 연순수익= ₩12,000,000(월세x12) – ₩4,980,000 = ₩7,020,000

- 순수익률= ₩7,020,000 ÷ ₩50,990,000 x 100 = 13.7%

대출을 70%만 받았을 시, 수익률은 13.7%가 되고, 그래도 여전히 상가나 오피스텔에 비해 월등한 수치네요. 그렇다면 디원시티의 수익률은 13.7%~20.5% 라고 보시면 되겠죠?

2. 월세를 정말 100만원 받을 수 있는 건가요? 이것도 터무니없는 가격으로 뻥튀기 한 것 아닌가요?

네, 이 역시도 충분히 의심하실 수 있는 의문점이라고 생각합니다222. 김포 구래지구에 대해 모르시는 분들이 훠어어얼씬 더 많기 때문에,,ㅜㅜ 그렇게 생각하실 수 있습니다. 가뜩이나 구래지구에는 디원시티가 최초 입주이기 때문에 비교가능한 데이터가 없답니다. 그렇다면 무엇을 기준으로 생각해 봐야 할까요? 혹시 우리 주변에 상가, 프라자, 오피스텔 심지어 상가주택에도 사무실로 쓰이는 곳들이 많다는 것 알고 계신가요? 구래동의 중심상업지구에만 대략 1000개 이상 상가들이 있는데, 역시 많은 곳이 사무실로 쓰이고 있죠. 쉬운 예로 세무사, 법무사, 회계사, 설계사, 건축사, 보험사, 정수기, 교육, 판촉, 홍보, 부동산, 컨설팅, 인터넷유통 등등... 각양각색의 사무실들이 있는데요. 그렇다면 구래지구 최초 지식산업센터인 디원시티의 기준은 바로 이 중심상업지구의 2층 이상 상가 임대료가 기준이라고 보면 되겠죠?

올해 6월 네이버 부동산 매물을 기준으로 고층, 저층, 신축, 구축 다 포함해서 랜덤하게 추출해 봤습니다.

구래 상업지구 상가 임대료 시세 (기입주 상가 기준, 2층 이상, 단위: 만원 / py)

	보증금	월세	계약면적	전용면적	계약평당임대료	전용평당임대료
1	3000	175	46.64	24.82	3.7	7.0
2	3000	150	42.84	23.88	3.5	6.2
3	3000	160	50	26.39	3.2	6.0
4	2000	135	45.37	22.62	3.0	6.0
5	3000	150	54.14	27.04	2.77	5.54
6	3000	160	60.5	28.89	2.65	5.5
7	2000	140	48.16	25.95	2.9	5.4
디원시티 2021.1입주	1000	100	33.97 (+2.12)	17.28 (+2.12)	2.7	5.1
8	2000	130	55.96	28.89	2.32	4.5
9	4000	240	102.78	57.17	2.34	4.2
10	2000	100	50.52	26.89	2.0	3.7
11	1000	100	48.92	27.39	2.0	3.65
12	1000	60	29.99	17.99	2.0	3.3
평균 (디원시티 제외)	2416	141			29.38	5.08

네이버부동산매물(2019.6.2) 기준

  1년반 이후인 2021년1월에 입주하는 디원시티의 임대료 시세가 주변 현재시장상황에 비교해봐도 절대 높은 수치가 아니라는 것을 알 수 있습니다. 가뜩이나 나이트클럽이 오픈하는 내년 3월 이후로는 나이트클럽을 중심으로 임대료가 점점 상승하고 업무환경에도 악영향을 끼치기 때문에 다수의 사무실들이 디원시티로 이전할 수 밖에 없고, 실제로도 그런 계획을 가진 업체들이 제법 많이 있답니다. 다만 제가 말씀드린 100만원이라는 월세는 17평대를 기준으로 말씀드린 것이며, 평수에 따라 전용평당 ±5만원 정도 생각하시면 될 듯 합니다. 아파트건,

오피스텔이건, 상가건 준공 후 입주를 막 시작하면 마음 급한 임대인들이나 사정이 딱한 임대인들 덕분에(?) 시세보다 저렴한 매물들이 무조건 나오기 마련입니다. 하지만 그런 것에 휘둘리지 않고 내가 정한 기준과 스케줄대로 너무 욕심부리지 않고 움직이면 분명 적당한 가격에 좋은 임차인을 만날 수 있다는 게 제 지론입니다~^^

3. 과연 공실이 생기지는 않을까요?

음.. 모든 것은 예상이기 때문에 확정적으로 말씀드리기 어려운 부분이 있습니다만, 다만 확실히 말씀드릴 수 있는 것은 디원시티의 지식산업센터 397실이 입주와 동시에 만실로 시작하기는 힘들다는 것입니다. 입주와 동시에 만실로 시작하는 건물은 아마 거의 드물지 않을까 싶은데요, 그 곳이 내로라하는 서울 한복판의 번화가라도 해도 마찬가지라는 데에 다들 큰 이견은 없으실거라 생각합니다. 그렇다면 그 공실기간을 최대한 줄일 수 있어야 하는데, 여기서 한가지 더 확실하게 말씀드릴 수 있는 부분은 디원시티는 입주 수개월 전부터 시행사 차원에서 임차관리팀을 구성, 사업설명회, 기업간담회 등을 통해 임차에

적극적으로 개입하고, 만실을 최대한 빨리 맞추기 위한 노력을 기울일 거라는 겁니다.(특히 저 역시 디원시티1차 분양이 마감되었다고 어디 다른데로 가지 않고, 김포 구래지구에 그대로 있을거랍니다~^^)

앞서 구래 중심상업지구에만 1000개 이상의 상가가 있다는 말씀을 드렸고, 각 건물마다 3~12개의 사무실들이 운영되고 있습니다. 술집, 마사지, 노래방, 노래클럽 등이 점점 많아지면서 임대료는 점점 상승하고, 업무환경은 점점 안 좋아지고 있는 이 시점에 오롯이 업무를 위한 공간이 마련된다면 이전을 마다하지 않을 업체들이 이미 많이 있습니다. 거기에 2800개의 기업들이 있는 김포의 거대한 산업단지에서도 가까운 역세권 도심지에 기획, 경영, 홍보 등의 이유로 사무실을 원하는 기업수요들이 많이 있고, 사실 이러한 이유로 김포시에서도 지식산업센터를 본격적으로 유치하기 시작한 것이죠.

디원시티 1차의 지식산업센터는 397실로 대부분 전용 15~17평으로 구성되어 있습니다. 기존에 구래동 상가 프라자에서 운영되는 사무실들이 30~40평을 쓰는 경우가 많으니, 못해도 2개 호실을 사용해야 할 회사들입니다. 더러는 100평에서 크게는 3~500평을 문의하는 기업들이 있으니, 디원시티 1차는 80~120개의 업체들이 들어오면 만실이 된다는 이야기입니다. 최초로 들어서는 초역세권 지식산업센터라는 팩트에 더하여 이미 같은 지역에서 지식산업센터보다 불편한 환경에 있는 상가, 프라자, 오피스텔에서 일하고 있는 수많은 사무실수요에, 교통접근성이 좋은 도심에 사무실이 필요한 산업단지 내의 기업수요까지... 사실 디원시티1차는 공실을 크게 걱정해야 할 이유가 전혀 없는 입지라는 것이 실입주기업과 기투자자들의 기본적인 생각입니다.

　제가 예시로 들었던 디원시티1차의 예상수익률은 그냥 저의 바람대로 계산한 것이 아닌, 나름의 주변 시장상황을 조사하고 분석한 데이터를 토대로 작성된 것임을 알려드립니다~! 이렇게 2회에 걸쳐 디원시티를 통해 예상수익률도 구해보고, 예상수익률의 타당성 여부를 따져볼때 고려해야 할 사항들에 대해 알아보셨는데요, 꼭 디원시티가 아니더라도 다른 어떤 지식산업센터에 투자를 하시던지 이 부분에 대해서는 한번쯤 생각해보고 짚어보시면 도움이 많이 되실 것 같습니다!

디원시티 스튜디오(기숙사)가 그렇게 저렴하다면서요?

오늘은 좀 특이한 부동산에 대해 얘기를 해볼까해요. 다름 아닌 바로 지식산업센터의 기숙사입니다. 요즘 이 기숙사에 대해서 먼저 문의하시는 분들이 제법 계시더라구요. 그래서 아애 이렇게 따로 글로나마 알려드리는게 좋겠다는 생각이 들었답니다.

1. 지식산업센터 기숙사, 대체 정체가 뭐지?

지식산업센터의 기숙사는 지원시설로 들어가는데, 본래 목적은 입주기업들의 복리후생을 위해 만들어 놓은 것이죠. 당연히 입주자들의 근무환경 개선을 위해 사용해야 하는 게 맞고, 실제 수요들도 그런 분들이 많아야겠죠? 보통 기숙사라고 하면 개인 취사시설이 없다는게 일반적인 생각이지만, 그건 편견이구요. 요즘 지식산업센터 기숙사들은 그냥 쉽게 '오피스텔'이라고 이해하시면 됩니다. 명칭만 다를 뿐이지 오피스텔과 완벽하게 똑같은 구성이지요. 기본적으로 원룸오피스텔에는 에어컨, 냉장고, 세탁기, 인덕션 등이 제공되는데 기숙사도 마찬가지랍니다. '오피스텔인 듯 오피스텔 같은 오피스텔 아닌 기숙사!'(?)

2. 기숙사의 매력포인트!

주택과 같이 주거시설로 이용하지만, 주택이 아니니 주택수에 당연히 포함이 안 되구요, 전매제한 같은 규제도 없답니다. 그리고 지식산업센터의 일부분이기 때문에 대출비율도 오피스텔에 비해 상대적으로 높은 수준에 속합니다. 게다가 가격은 지식산업센터의 사무실이나 동일구조의 오피스텔들보다 저렴하게 책정되어 있구요. 가격은 저렴하고, 대출은 높고, 월세는 주변 원룸이나 오피스텔 시세와 같으니 당연히 수익률도 높아질 겁니다.

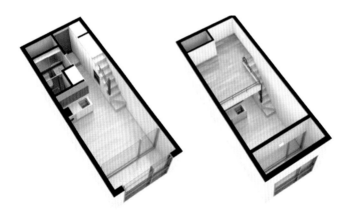

오피스텔 상가를 매매 또는 임차할 때 가장 우선적으로 고려되

는 부분이 뭘까요? 바로 같은 건물을 사용하고 있는 오피스텔 세대수요 입니다. 굳이 밖으로 나가지 않아도 소비를 해줄 수 있는 수요들을 베이스에 얼마나 두고 있느냐는 매우 중요한 요인이죠. 기숙사도 마찬가지입니다. 기숙사에 들어와서 거주할 수많은 인구가 바로 같은 건물에서 종사하고 있으니까요. 다른 어떤 오피스텔보다 유리한 건 사실입니다. 비주택이기 때문에 피할 수 있는 각종 규제, 저렴한 가격, 높은 대출 및 수익률, 풍부한 초근접 수요 등!

3. 디원시티 스튜디오(기숙사)는 어떻게 생겼나요?

180실 전부 원룸(전용7py)+발코니(1.33py)+복층(3.24py)으로 구성되어 있고, 실사용면적만 11.6py에 이릅니다. 유닛은 모델하우스에 잘 꾸며져 있으니 오시면 직접 눈으로 확인해 보실 수 있습니다! 관심이 생기고 궁금하시다면 시간내셔서 보러 오시는 게 맞겠죠?^^

4.디원시티 스튜디오(기숙사)의 수요는 충분한가요?

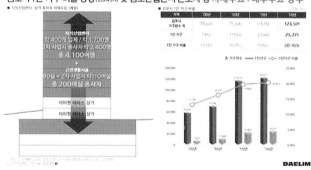

지식산업센터 기숙사가 가진 장점은 간략하게 짚어보았는데요, 그럼 디원시티 기숙사는 어떨까요? 디원시티 기숙사는 스

튜디오라는 이름이 있는데요, 별 의미는 없구요.(외쿡친구들은 오피스텔을 보통 스튜디오라고 하는데, 오피스텔 자체가 콩글리쉬라고 하네요 ㅎㅎ)

아무튼 이 기숙사는 모두 같은 구조로 총 180실로 구성되어 있습니다. 지식산업센터가 총 397실이고, 상가가 90실이니 예상되는 총 종사자는 1500~2000명 가량 됩니다. 과연 180실이 남아 있을까요? 이것만으로도 부족하시다면 디원시티에는 2차가 기다리고 있다는 사실!! 더욱이 디원시티 2차에는 기숙사가 들어가지 않습니다. 디원시티 2차의 지식산업센터는 최대 600실 가량 되는데, 그렇다면 1차+2차 총 1000여실의 사무실이 들어서게 됩니다. 아무래도 기숙사 180실로는 턱없이 모자랄 것 같죠?

5. 주변 시세 및 예상임대료는 어떻게 되나요?

디원시티 스튜디오의 임대료는 현 시세 기준으로 500/45 정도로 예상하고 있으며, 대출70%/금리3.5% 가정시 예상수익률은 10%가 됩니다. 500/45는 물론 최저로 책정해 놓은 예상치구요.

저는 디원시티 분양사업부 직영팀인 동시에 김포 한강신도시 구래지구에서 시티공인중개사사무소를 운영하고 있는 공인중개사이기도 합니다. 현재 구래지구의 오피스텔 시장에 대한 상황을 잠깐 말씀드리자면 구래지구에는 준공 1년도 안 된 신축오피스텔들만 약 2000실에 이릅니다.(그 중에는 디원시티의 시행사 디허브, 시공사 대림이 함께 지은 구래지구 랜드마크 오피스텔인 '대림 이편한세상시티 한강신도시(748세대)'도 있습니다.)

그럼 당연히 공실이 있지 않느냐 반문하실텐데, 지금 구래지구 오피스텔은 세입자보다 방이 귀한 상태입니다. 작년말, 올

해초에 2000실 가까이 한꺼번에 공급된 물량폭탄으로 인해 원룸기준 300/25로 시작했던 시세는 300/40으로 반년새 15만원이 올랐구요, 1~6개월 단기 매물들도 다음 세입자들이 몇명씩 대기하고 있는 상황입니다.

현재 입주가 완료된 오피스텔들은 중심상업지구 한복판이나 가장자리에 위치하는데, 편의성은 좋으나 역에서 7~800m 많게는 1km가 떨어져 있는 상황입니다. 현재 원룸 300/40을 기준으로 디원시티는 역에서 가장 가까운 곳(300m)에 있으니 +5, 복층에 발코니를 갖추었으니 +5 해서 충분히 50까지는 가

능하다고 예상합니다.(게다가 디원시티1차가 입주를 시작하는 2021년1월쯤이면 이미 지하철도 개통되어 있고, 인프라도 다 갖추어져있으니 지금 현 시세보다는 임대시세도 올라가 있을 확률이 높겠죠?)

거기에 플러스 알파로 디원시티 스튜디오처럼 원룸+발코니+복층을 모두 갖춘 구래지구 오피스텔들은 현재 1억5천~1억6천에 분양중이고, 디원시티 기숙사와 같은 가격의 다른 오피스텔들은 딱 6평대의 원룸만 제공됩니다. 디원시티 기숙사는 무려 3천~4천이 저렴한 상황입니다. 나중에 어느 정도의 시세차익도 충분히 실현 가능하리라고 생각됩니다.

지식산업센터 뿐만 아니라 기숙사 역시 매력적인 투자상품이라는 사실! 지식산업센터에 투자하기에 여력이 조금 모자라시는 분들에게는 더 없이 좋은 투자처라는 사실! 을 확인할 수 있었습니다! 아울러 입지, 브랜드, 수요, 수익률까지 모두 갖춘 디원시티 스튜디오(기숙사)만의 매력도 확인하셨죠?

한 번도 안 쓴 회사는 있어도
한 번만 쓴 회사는 없다!

- Feat. 이차장의 하루 -

요즘 많은 분들과 김포 뿐만 아니라 지식산업센터, 아파트형 공장에 관한 깊은 대화들을 나누다 보니, 김포, 한강신도시, 구래지구, 양촌역, 디원시티가 가진 경쟁력과 가능성을 많이들 인정해 주시는 것 같습니다. 다만 이 디원시티라는 것도 결국엔 부동산이기 때문에 아무리 최초로 들어선다고 한들! 아무리 초역세권이라고 한들! 과연 공실이 생기진 않을까?

그래서 이번엔 '지식산업센터의 편의성'에 대해 이야기를 한 번 해볼까 합니다. 애초에 이 지역에 최초로 들어서는 지식산업센터인만큼 이 지역의 기업체들은 물론 이 지역의 부동산들 마저도 이 건축물이 낯설고 생소합니다. 회사가 생기고 단 한 번도 아파트형공장, 지식산업센터를 사용해 보지 않은 기업체들이 수두룩 하다는 것입니다.

아파트형공장 투자에서 두드러진 특징 중 하나가 아는 사람, 하던 사람, 여기서 근무해 본 사람들의 투자 빈도가 월등히 높다는 건데요, 지식산업센터를 애초에 모르는 사람은 아공, 지산 투자에 소극적일 수 밖에 없다는 얘기의 반증이기도 하죠. 실제 제 경우에서 통계를 내보면 투자자 분들 중 매우 높은 비율이 실제 서울 또는 수도권의 아파트형공장 기투자자이시거

나 구로, 가산의 아파트형공장에서 근무하고 계신 분들이었다는 점은 시사하는 바가 큽니다.

"아파트형공장(지식산업센터)을 사용하던 기업은 계속 사용하고, 아파트형공장(지식산업센터)을 투자하던 사람은 계속 투자한다." "고기도 썰어 본 사람이 잘 썰고, 술도 마셔 본 사람이 잘 마신다" "공부도 하던 사람이 잘 하고, 연애도 해 본 사람이 잘 한다." 잉?ㅋㅋㅋ 비유가 맞는지는 모르겠지만 영~ 틀린 말은 아니죠?

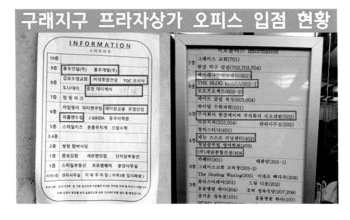

그럼, 김포의 산업단지에서 제일 가깝지만 아직 지식산업센터 하나 제대로 없는 구래지구의 기업체들은 도대체 어디서 무슨 일을 하고 있는 걸까요? 물론 생산시설은 주로 산업단지 내

의 공장에 있겠지만, 생산시설이 필요하지 않은 기업들도 많이 있답니다. 구래지구에는 보통 광고, 홍보, 판촉, 디자인, 유통, 온라인판매, 컨설팅, 설계, 건축, 교육, 보험, 렌탈, 여행사 등이 많은데요, 이 회사들은 굳이 산업단지 내에 있을 이유가 없어 보이죠?

이렇게 다양하고 많은 회사들이 현재 구래지구의 일반상가 건물에 입주해서 비즈니스를 하고 있는데요, 요즘은 분양이나 임차 문의가 제법 많이 들어오고 있지만, 아직도 지식산업센터가 뭔지 1도 모르시는 대표분들이 여전히 대다수입니다ㅜㅜ 하지만! 이 분들은 2021년1월~봄 사이에 저희 디원시티로 임차 관련 문의전화를 하시게 될 겁니다. 왜냐구요? 아래 이차장의 하루를 통해 여러분들께서 한번 생각해 보는 건 어떨까요?^^

1. AM 09:30

디원시티 분양사업부 직영팀 이차장은 월요일 아침 9시반에 사무실이 위치한 김포시 구래동의 8층짜리 상가건물 지하주차장에 들어선다. 8층 모텔에서 아직 사람들이 덜 나온건지, 출근이 늦은건지 지하1층 주차장은 벌써 만실이라 하는 수 없이 지하2층에 주차를 한다. 엘레베이터는 3대인데, 한 대는 뭘하는 건지 점검중이다. '하... 아침부터 뭘 또 나르는거야....?' 음식점들이 식자재를 받거나 2층의 유통업체에서 대량으로 물품을 나를 때는 흔히 있는 일이다. 나머지 엘레베이터는 모텔이 있는 8층에 올라가 있다. '아니,,, 이 양반들은 월욜인데 출근도 안하나....?' 40분까지 출근해야 하는 이차장은 늦을까봐 초조하지만 침착하게 엘레베이터를 기다린다. 5층에 있는 사무실까지 걸어올라가기는 무리다. 너무도 천천히 안전하게 내려온 엘레베이터에 들어선 순간 이차장은 코를 찌르는 냄새와 바닥에 어지러이 뿌려진 간밤에 치열했던 누군가의 흔적에 눈살을 찌푸린다. '일욜밤에 뭘 이렇게까지 마신거야....?'

2. AM 10:30

아침미팅을 마친 이차장은 장을 비우기 위해 화장실로 향한다. 벌써 많은 사람이 아침을 맞이한듯 그다지 쾌적하지 않은 냄새가 또 다시 이차장을 감싼다. 좌변기는 총 3칸, 이차장은 가장 좋아하는 안쪽 구석자리로 들어가 변기 뚜껑을 열어본다. 아뿔싸... 막혔다.... 옆칸을 열어본다. 아... 간밤의 치열했던 흔적이다. '아까 엘레베이터 범인과 혹시 같은 놈 아니야....?' 5층에는 직원사무실 뿐만 아니라 바로 옆에는 노래클럽이 있고, 바와 마사지가 함께 있어 종종 아니 꽤 자주 이런 일이 있어 익숙하다. 이차장은 불쾌한 냄새들과 싸우며 임무를 완수한 뒤 손을 씻지만 비누는 없다. 비누를 놔도 없어지기 일쑤이기 때문에 갖다 놓지 않은지 벌써 꽤 오래다. 관리사무소에서도 제때 모든 층을 다 깔끔하게 관리하기가 어렵다는 사실은 알지만, 화장지라도 구비해둔다는 것에 그냥 만족하며 사용중이다.

3. AM 11:00

이차징은 기획안과 제안서를 열심히 수정하며 오후3시에 있을 PT를 준비한다. 11시가 넘어가자 온갖 음식냄새들이 스멀

스멀 올라오기 시작한다. 그도 그럴 것이 2층에 있는 함바식당에서는 한꺼번에 다양한 음식을 많이 하기 때문에 배고픔을 자극하는 맛있는 냄새가 아닌 그냥 음식냄새다. 정체모를 냄새에 집중하기 힘들어진 이차장은 자리에서 일어나 점심을 먹으러 나간다.

4. PM 3:00

오후3시에 고객에게 전화가 온다. 도대체 어디가 어딘지 모르겠단다. 건물들은 많고 노상주차차량들이 많아 어디가 지하주차장 입구인지 헷갈린단다. 이차장은 통화를 하며 1층으로 달려내려간다. 다행히도 지하2층에 주차자리가 딱 하나 비어있어 직접 주차안내까지 마치고 고객과 함께 엘레베이터를 기다리는데 3층에서 내려올 생각을 않는다. 3층에 있는 다단계네트워크 업체에서 강의가 끝난 모양이다. 이윽고 1층에서 또 한참을 서있다 지하1층에서 아주머니들이 저마다 상품을 들고 우루루 내린다. 이차장은 속으로 한숨을 쉬며 고객과 2층 홍보관으로 올라간다.

5. PM 5:30

5시쯤 PT와 상담을 끝낸 이차장은 5층 사무실로 복귀하려한다. 이놈의 엘레베이터는 왜 허구한날 8층에 가있는지 모르겠다. 5층 복도를 지나는 중 '띵동' 소리가 난다. 옆집 노래주점 사장님이 벌써 출근하신 모양이다. '도대체 센서를 왜 복도에 달아놔서 지나갈 때마다 민망하게 하는거야....?'

6. PM 7:30

오늘 미팅 내용을 정리하고 내일 업무를 준비하다 보니 벌써 7시가 훌쩍 지났다. 고기냄새, 곱창냄새가 어느새 스멀스멀 건물을 채우기 시작한다. 그 동안 띵동 소리는 몇번이나 났는지 셀 수조차 없다. 옆 건물 볼링장의 스트라이크 소리는 이차장의 고막에까지 생동감있게 고스란히 전달된다. 소리만으로도 핀이 몇개 쓰러졌는지 알 수 있을 것만 같다. 순간 와자지껄 학생들이 무더기로 신나게 노래를 부르고 떠드는 소리가 건물 전체로 울려퍼진다. 아마도 4층의 코인노래방에 다녀온 모양이다. 아직 가무의 여운이 다 가시지 않았나보다.

7. PM 9:00

내일 중요한 미팅이 있는 이차장은 그래도 일을 해야 한다. 아이스 아메리카노를 사러 1층에 내려간다. 카페에는 훤칠한 사내들이 세무더기, 화장이 진한 아가씨들이 한무더기다. 아무래도 '선수'분들께서 대기하고 있는 것 같다. 다들 모여있으니까 뭔가 괜히 무섭고 위축이 되기도 하고 해서 이차장은 서둘러 나온다. 엘레베이터는 역시나 8층이다. 젊은 남녀 두 커플과 함께 엘레베이터에 몸을 싣는다. 이차장이 5층을 누르자 곧바로 8층 버튼에도 불이 들어온다. 5층에서 내리면서 바깥에서 대기하고 있던 동남아 여성 2명과 부딪쳤다. 그녀들은 서툰 우리말로 미안합니다를 연신 외쳤다. 이차장도 죄송하다는 말을 남기고 사무실로 들어선다. 복도에는 어김없이 '띵동' 소리가 정적을 채운다.

8. PM 10:00

야근은 어느덧 10시를 넘겼다. 이차장은 퇴근을 한다. 조금 더 집중했으면 9시 아니, 8시에 끝냈을지도 모를 일이다. 하루 종일 업무와 상담 뿐만 아니라 온갖 소음과 냄새에 지친 이차장은 맥주 한 캔이 너무 간절하다. 주차장에 가기 전에 4캔에 만원 짜리 캔맥주를 사기 위해 편의점에 들르기로 한다. 구래지구의 밤거리는 화려하다. 더위가 한풀 꺾인 저녁의 구래지구는 사람들이 참 좋아한다. 광장에서는 젊은 친구들이 버스킹을 하고 있다. '아까 사무실 밖으로 살짝 살짝 들리던 육성이 바로 이 친구들이었구나...'

9. PM 10:30

　편의점 밖 테이블에는 캔맥주와 누군가의 치열했던 흔적이 함께 나뒹굴고 있다. 하이X켄 4캔을 집어든 이차장은 후다닥 지하2층으로 내려간다. 차3대가 주차장을 배회하고 있다. 아무래도 주차자리가 없는 듯 하다. 이차장은 괜히 미안한 마음이 들어 얼른 차에 시동을 걸고 주차장을 빠져나간다. 구래지구의 골목 도로는 이미 차들로 빼곡하다. 옆건물에서는 차들이 쏟아져 나온다. 무슨 영화인지는 모르겠지만 영화가 끝났나보다. 이차장은 골목 양쪽으로 노상주차 된 차들 사이로 조심조심 집으로 향한다. 구래지구의 밤은 이제 시작이다.

이차장은
지식산업센터에서
일하고 싶다!

구래지구 상가건물에 입주한 회사들이 어떤 점이 불편한지, 이 회사들에게 지식산업센터가 왜 필요한지, 그래서 구래지구의 최초이자 초역세권 지식산업센터 대림 디원시티가 어떤 의미를 갖게 될지, 차근차근 하나씩 정리를 좀 해보는 시간을 갖도록 할게요!!!

1. 구래지구는 유흥상권이다!

유흥상권. 24시 불야성 상권이죠. 회사 업무를 하면서 야근이 없으면 얼마나 좋을까요? 하지만 하다 보면 그러기가 쉽지 않다는게 또 '일'이라는 거죠. 이 유흥상권에서 야근은 거의 불가능하다고 보시면 됩니다. 거기다 술집, 고깃집에서는 보통 4시부터는 영업준비를 시작하는데, 점심 식사 직후에는 나 자신과의 싸움이라면.. 4시부터는 환경과의 싸움을 하고 있는 직원들을 보시게 될겁니다.

　여기에는 마사지룸이나 노래주점들도 많은데 투자자나 고객분들이 방문하실 때 사실 정말 죄송한 말씀이지만 복도나 엘레베이터에서 관련업계종사자분들을 마주치는게 썩 유쾌하진 않으실 겁니다. 특히나 마사지업소들은 낮에도 영업을 하는데다 일명 '찌라시'라고 하는 명함식 전단을 워낙 뿌리고 다녀 민망할 때도 많죠. 제 사무실 위에는 마사지룸 사이에 끼어있는 세무사무실이 하나 있는데 아마도 계약기간을 못 채우고 다른 곳으로 이전하실 것 같습니다. 또 아침에는 간밤의 흔적들이 거리부터 주차장, 엘레베이터, 화장실 곳곳에 남아있어 굉장히 불쾌한 상태에서 하루를 시작하는 경우들이 허다합니다. 상가건물은 보통 1~2명의 청소직원분이 계신데 출근시간에 모든 층을 말끔히 정리하시기에는 턱없이 부족하죠.

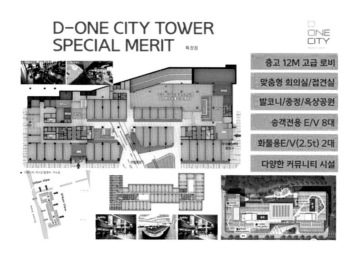

2. 구래지구 상가는 비즈니스용 건물이 아니다!

위에서 이어지는 내용입니다. 유흥상권에 있는 상가건물들이 애초에 업무용 공간으로 과연 적합하게 지어졌을까요? 애초에 장사할 분들이 쓰시는 건물이라 소음, 진동, 냄새가 많이 나는 건 어쩔 수 없는 부분입니다. 또한 대부분 기업들은 회의실, 대표실 하나 정도는 필요하고, 때에 따라서는 고객을 맞이할 미팅룸이나 각종 짐을 놓을 창고도 필요합니다. 하지만 회의실, 미팅룸, 창고가 매일 필요한 것도 아닌데 공간만 차지하고 있는 경우가 더 많죠. 빔프로젝트는 좋은 것은 몇십만원씩

하는데 한 주에 두어시간 쓰려고 사기엔 또 아깝구요. 한마디로 일반 상가 건물은 '커뮤니티시설'이 턱없이 부족하다는 겁니다.

이차장이 매번 8층 모텔에 올라가있는 엘레베이터를 기다리느라 고생하는 모습을 보셨을텐데, 엘레베이터 역시 상가건물에서는 생각보다 부족한 경우들이 많습니다. 고장도 잦고, 한 업소에서 짐이라도 나르면 한 대는 몇분간 못쓴다고 봐야죠. 엘레베이터 앞에서 소비하는 시간이 많아질수록 업무효율은 떨어지고 짜증은 올라가겠죠?

3. 구래지구는 임대료가 비싸다!

중심상업지구, 그것도 유흥상권이다보니 임대료가 비싸답니다. 현재 1층 상가의 경우 입지와 준공일에 따라 월250~400 사이에 형성되어 있구요, 상층부 역시 평수에 따라 다르지만 80~120 정도에 형성되어 있습니다. 올 봄까지만 해도 공실이 제법 있었지만, 봄~여름을 지나면서 무서운 속도로 공실이 소진되고 있는 상황입니다. 오피스텔도 현재 방이 없어 임차인들이 기다리는 상황인데 상가라고 계속 텅텅 비어 있을 순 없겠죠?

그런데 구래지구의 상가 임대료는 앞으로 더 오를 확률이 높습니다. 나이트클럽이 들어서는 내년 봄을 기준으로 술집과 유흥상가가 지금보다 더 경쟁적으로 들어서게 될텐데, 그 경쟁은 임대료에 고스란히 녹아들게 됩니다. 위치에 따라 상층부 임대료도 150을 넘어서는건 시간문제로 보입니다. 그렇게 되면 애초에 저렴한 임대료 때문에 들어왔던 수많은 회사들은 부담이 커질 수 밖에 없습니다. 더 저렴한 임대료로 더 좋은 시스템을 누릴 수 있고 거기에 역에서도 더 가깝다면 이전하는게 당연합니다.

4. 구래상업지구는 고층상가가 빼곡하다!

당연히 종로, 명동, 강남, 분당 만큼은 아니겠지만, 구래지구도 제법 10층 내외의 고층상가들이 제법 빼곡하게 자리잡고 있답니다. 도로골목은 양쪽으로 노상주차 차량들이 넘쳐나고, 주차장 역시 협소하기 마련입니다. 보통 상가건물은 법정대비 주차대수를 간신히 채우는 수준이기 때문인데요, 주차자리가 부족한 것은 물론이고, 주차장 출입구도 진출입이 불편한 건물이 한두개가 아니죠.

이런 상업지구는 건물들도 다 비슷비슷하고, 진출입로도 다 닥다닥 붙어있어 바이어나 고객들이 찾아오기 불편한 경우들이 생각보다 많답니다. 저 역시도 홍보관이나 중개사무소 주소를 알려드려도 마중나가는 경우들이 상당히 많은 편입니다. 아투연에서 도대표님, 장대표님이 처음 방문하시던 날도 옆 건물에 주차하셨더랬죠. 찾아오기 힘들다는 건 기업의 입장에서는 꽤나 큰 마이너스 요인입니다. 하지만 이런 회사들이 디원시티에 입주하게 되면, '양촌역 앞에 디원시티라고 가장 큰 건물이 보이실텐데 거기 로비로 오시면 접견실로 안내해주실겁니다. 거기서 뵙겠습니다.' 이러면 끝난다는 사실!

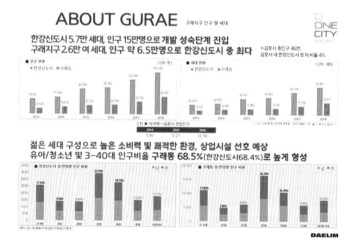

한강신도시는 30~40대 인구가 높은 비중을 차지하고, 지금도 폭발적으로 늘어나고 있다는 말씀을 드린 적이 있죠? 따라서 당연하게도 어린 친구들이 많아도 너무 많습니다. 아가들도 많고, 초등생들도 많고, 중고생도 많고, 20대 초반 친구들도 많고, 근처 해병대랑 군부대에서 쏟아져나오는 군인 친구들도 많죠. 아직 젊디 젊은 이 친구들의 특성 중 하나는 몰려다닌다는 점인데요, 몰려다닐 때 그냥 조용히 몰려다니면 참 좋겠지만, 떠들어도 너무 떠든다는 게 문제입니다.

길거리나 실내에서 흡연하는 경우도 종종 있고, 코인노래방이나 피시방에서 우루루 몰려다니면서 온갖 개념이 부족한 행동들을 할 때도 있습니다. 복도에서 떠들기도 하고, 흡연/음주를 목격하기도 한답니다. 길거리나 업소에서 들리는 환경소음과는 또 다른 문제인데요, 정시성을 띄는게 아니고 굉장한 돌발변수이기 때문입니다. 예를 들어 고객과 중요한 미팅 중인데, 복도에서 이 친구들이 갑자기 떼창을 하게 되면 대략 난감한 상황이 되겠죠? 20대 친구들은 모텔 이용 빈도도 높은데, 구래지구에는 고층부에 모텔이 자리잡고 있는 대형상가들이 꽤 많습니다. 시도 때도 없이 8~10층에 올라가 있는 엘레베이터를 보면 한숨부터 나오는 현실...

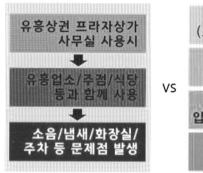 VS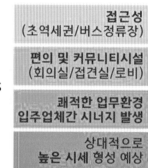

이제까지 구래지구 중심상업지구에서 비즈니스를 꾸준히 하기 어려운 부분들에 대해 조목조목 짚어 봤는데요. 이래도 일반상가 건물에서 기업을 운영할 수 있을까요? 특별한 사정이 없는 한 아마 100%에 가까운 구래지구 내 회사들은 지식산업센터처럼 업무를 위한 건물로 이전을 원하고 있을 겁니다. 그렇다면 구래지구에 가장 최초로 입주를 시작하고, 역에서 가장 가까운 디원시티를 그냥 지나칠 수가 없겠죠? 게다가 디원시티는 시행사 차원에서 임차관리팀을 운영하면서 임대인의 부담을 덜고 양질의 임차기업들을 유치하면서 적합한 곳에 자리를 내어드릴 계

획이니, 모두에게 해피한 그림을 완성할 수 있을 것 같습니다.

지식산업센터의
세제혜택 깔끔 정리

    요즘 카페에 세제혜택에 관련한 내용들이 많이 올라오는거 같은데, 그도 그럴 것이 지식산업센터의 세제감면혜택 연장에 관한 법안이 이미 상정되었고, 별 무리 없이 연내 통과될 것이라는 예상이 지배적이죠? 다들 고민과 궁금증이 많으신 것 같아요. 덜컥 분양받거나 매매했다가 생각보다 세금이 많이 나오면 어쩌지? 그럼 오늘은 신규분양 지식산업센터의 세제혜택 부분에 대해 간략하게 얘기해보도록 하겠습니다!

    제가 직접 한번 만들어 본 표인데요, 최대한 보기 쉽게 만든다고 만든건데 이해가 잘 되실지 모르겠네요 ㅎㅎ

☐ ONE CITY	기업 (지식산업센터 입주가능 업종)			개인 (일반 투자자)
	수도권과밀억제권역 → 성장관리권역 이전 기업		최초 입주 기업	
취득세 감면	100%		50%	NO
재산세 감면	5년간 100% 이후 3년간 50%		37.5%	NO
법인세 감면	4년간 100% 이후 2년간 50%		NO	NO
감면조건	※분점(주시무소)과 공장(제조)시설 전부 이전 ※꼭 지식산업센터에만 해당되는 내용은 아니며, 수도권과밀억제권역에서 성장관리권역 내 공장 신축 또는 분양 등으로 이전하는 경우를 통틀어 말함 ex)양지사: 가산디지털단지→김포		※1년 이내 직접 사용. ※사용일로부터 5년 사용 ※최초 입주 기업의 의미 최초로 등기한 기업(분양or전매 포함), 중도금 잔금 미납 등으로 해약한 지산의 분양 포함	측정된 부동산의 가치 (시가표준액/공시지가)만큼 세금을 내면 됨 많이 낼수록 좋은거.
특이사항	참고/기숙사: 지식산업센터 세제감면혜택에 해당하는 기업이면 동일하게 적용됨 1년 이상 직접 사용 후, 5년내 임대·매리 하는 경우: 경감된 취득세 추징			

실입주 목적으로 지식산업센터를 분양받고자 하는 기업에서 가장 먼저 확인해야 할 것은 입주가능한 업종이냐 입니다. 입주도 못하는데 가격이 어쩌고, 대출이 어쩌고, 세금이 어쩌고...의미가 없겠죠? 그 다음에는 좀 더 디테일하게 접근해 봐야하는데, 기업이 이전을 하는 거라면 혹시 현재 수도권과밀억제권역에서 있는건 아닌지 체크해 봐야 하구요, 이전 계획이 본사를 포함한 공장(제조)시설까지 옮기는 대대적인 이전이라면 위 표에서 보듯이 엄청난 혜택이 기다리고 있답니다.

원래 현재 수도권과밀억제권역에서 성장관리권역으로 기업들을 유치하기 위한 범전국적인 정부의 정책 중 하나인데요,

수도권 성장관리권역의 지식산업센터들에게는 굉장히 좋은 혜택이죠. 다만 서울권에 있던 기업이 외곽으로 나오는게 정말 쉽지 않은 결정인지라 그 혜택을 받아가는 기업들이 흔하지는 않습니다. 세금 중 가장 부담이 큰 법인세 감면 혜택을 유일하게, 무려 6년이나 받을 수 있답니다!

김포 양촌산업단지의 '양지사'라는 국내 수첩/다이어리 1위 기업이 가산디지털단지를 떠나 본거지를 김포로 이전한 사례가 아주 좋은 사례가 될 수 있구요. 최근에 김포 구래로 확장한 TJ미디어는 본사는 강서구에 그대로 있고 사무와 제조시설을 확장한 사례이기 때문에 위 감면혜택에는 해당되지 않는답니다. 그럼 지식산업센터에 입주가능한 기업이 챙길 수 있는 세제혜택은 취득세와 재산세 정도가 되는데, 이것 역시 지산 입주하는 모든 기업에게만 해당하는 것이 아니고, '최초 입주 기업'에게만 해당한답니다.

자, 그럼 도대체 '최초 입주 기업'이란 무엇일까요? 당연히 세를 주고 들어오는 임차 기업은 제외겠지요? 애초에 기업운영을 목적으로 분양을 받았거나 전매를 통해 분양권을 사들인 기업을 말하는건데요. 분양을 받았든, 전매를 했든 어쨌거나 입주를 하게 되면 등기를 해야합니다. 최초 등기 시점에 실제 운영 목적으로 지식산업센터를 소유한 기업을 뜻합니다. 단 이 기업도 등기후 1년내 실사용, 5년 유지라는 조건을 충족해야 취득세 감면 대상에 해당됩니다. 위 두가지 조건을 충족하지 못하면 취득세를 감면받은만큼 다시 추징한다고 하니, 참 빡세죠??

자, 마지막으로 개인이 투자로 분양받거나 전매한 지식산업센터의 경우! 아무것도 없습니다. 그러니 현수막, 광고지, 모델하우스에서 투자목적의 개인에게 세제혜택을 운운한다면 믿고 거르시면 됩니다. 지식산업센터는 세제혜택이 없어도 충분히 임대수익과 시세차익을 동시에 노릴 수 있는 투자가치가 있는 부동산입니다. 취득세, 재산세도 내라는대로 다 내시면 됩니다. 취득세야 어차피 뭘 취득하든 한번은 내야 하는 세금, 특히 재산세는 많이 낸다고 화낼 일이 아니시고, 기분 좋은 일이시니 쿨하게 내시면 됩니다~ 필요한 내용은 위 표를 참고하셔서 한번 훑어보시면 될 것 같아요.

ps. 세금이 겁나서 투자를 못하신다면 세금만큼의 돈은 아끼

실지 몰라도 동시에 그 세금을 낼만큼의 자산도 얻지 못하신다는 점! 잊지마세요!

지식산업센터 재산세는 어떻게 계산할까요?

재산세에 대해 한번 다뤄볼까 합니다. 보통 투자를 알아보시는 분들께서 은근히 걱정하시는 부분이 '세금'인데요. 세금이라는 것은 범위가 워낙 방대하고 개인, 지역 등등 고려해야 하는 요소들이 많아 누가 그렇다더라 정도로 알고 접근하시면 나중에 크게 고생하실 수도 있습니다. 그러니 오늘 제가 짚어드리는 재산세 내용 역시 어떻게 계산이 되고 어느 정도 나오겠구나 정도로만 알아 주시고, 자세한 내용은 시청이나 세무사의 상담이 필요하답니다. (전문가들이 괜히 있는게 아니랍니다~!^^)

일단 재산세는 토지와 건축물로 나눠서 납부하게 되는데요, 토지는 공시지가, 건축물은 시가표준액이 기준이 됩니다. 그런데 제가 예시로 들 한강신도시 대림 디원시티의 경우 아직 준공이 되지 않았기 때문에 정확한 개별공시지가나 시가표준액이 있을 수 없겠죠? 그래서 김포시 구래동의 다른 건물의 현재 공시지가, 시가표준액을 기준으로 디원시티의 대략적인 공시지가, 시가표준액을 예상해보고 그걸 토대로 차근차근 계산해보도록 하겠습니다. 그 전에 재산세를 계산하는 방법에 대해 간단히 살펴보고 갈까요?

1. 재산세(토지분)= a + b + c

- a)재산세(토지분)= 과세표준(공시지가x면적x공정시장가액비율)x재산세율

- b)재산세(도시지역분)= 과세표준x도시지역분 세율

- c)지방교육세= a x 20%

2. 재산세(건축물)= a + b + c + d

- a)재산세(토지분)= 과세표준(시가표준액x공정시장가

액비율)x재산세율

- b)재산세(도시지역분)= 과세표준x도시지역분 세율

- c)지방교육세= a x 20%

- d)지역자원시설세

토지분과 건축물의 차이는 d)지역자원시설세를 내느냐 안 내느냐 겠네요. 이렇게 텍스트로만 보면 이해가 잘 안 가실 수 있으니 이제 디원시티 431호(전용면적17.28py, 계약면적 33.97py, 서비스면적2.12py)를 예시로 예상되는 재산세를 직접 하나하나 구해볼까요? 일단 먼저 개별공시지가와 시가표준액을 알아야 하는데, 디원시티는 준공 전이기 때문에 김포시 구래동 중심상업지구의 준공되어 있는 건물들은 현재 어느 정도 나오는지 보도록 하겠습니다. 디원시티 모델하우스가 위치한 이너매스 한강이라는 8층 프라자상가 건물과 디원시티와 시행/시공이 같은 e편한세상시티 한강신도시 오피스텔 건물입니다.

김포시 구래동 이너매스한강 개별공시지가/시가표준액

가격기준년도	신청대상 토지 토지소재지	지번	개별공시지가	확인내용 기준일자	공시일자	비고
2019	경기도 김포시 구래동	6882-5번지	3,104,000 원	01월 01일	2019/05/31	
2018	경기도 김포시 구래동	6882-5번지	2,697,000 원	01월 01일	2018/05/31	
2017	경기도 김포시 구래동	6882-5번지	2,382,000 원	01월 01일	2017/05/31	
2016	경기도 김포시 구래동	6882-5번지	2,535,000 원	01월 01일	2016/05/31	
2015	경기도 김포시 구래동	6882-5번지	2,514,000 원	01월 01일	2015/08/29	

※ 단위면적(㎡)당 산정가격임.

물건지	시가표준액(원)	연면적(㎡)
경기도 김포시 구래동 일반번지 6882-0005번지 0001동 0301호 94만/㎡	2,411,373,500	2562.66

※ 조회하신 건축물 면적은 당해 건물의 전용면적과 주차장, 승강기, 계단 등의 공용면적을 포함한 연면적으로 표시 합니다.
(건축물 면적 = 전용면적 + 공용면적)

물건지	시가표준액(원)	연면적(㎡)
경기도 김포시 구래동 일반번지 6882-0005번지 0001동 0501호 97만/㎡	169,088,437	174.071

물건지	시가표준액(원)	연면적(㎡)
경기도 김포시 구래동 일반번지 6882-0005번지 0001동 0201호 86만/㎡	151,382,177	175.507

김포시 구래동 e편한세상시티 오피스텔 개별공시지가/시가표준액

가격기준년도	신청대상 토지 토지소재지	지번	개별공시지가	확인내용 기준일자	공시일자	비고
2019	경기도 김포시 구래동	6882-1번지	3,200,000 원	01월 01일	2019/05/31	
2018	경기도 김포시 구래동	6882-1번지	2,810,000 원	01월 01일	2018/05/31	
2017	경기도 김포시 구래동	6882-1번지	2,690,000 원	01월 01일	2017/05/31	
2016	경기도 김포시 구래동	6882-1번지	2,641,000 원	01월 01일	2016/05/31	
2015	경기도 김포시 구래동	6882-1번지	2,607,000 원	01월 01일	2015/05/29	

※ 단위면적(㎡)당 산정가격임.

물건지	시가표준액(원)	연면적(㎡)
경기도 김포시 구래동 일반번지 6882-0001번지 0000동 2033호 110만/㎡	110,062,404	99.3343

※ 조회하신 건축물 면적은 당해 건물의 전용면적과 주차장, 승강기, 계단 등의 공용면적을 포함한 연면적으로 표시 합니다.
(건축물 면적 = 전용면적 + 공용면적)

물건지	시가표준액(원)	연면적(㎡)
경기도 김포시 구래동 일반번지 6882-0001번지 0000동 2043호 110만/㎡	77,775,727	70.1947

물건지	시가표준액(원)	연면적(㎡)
경기도 김포시 구래동 일반번지 6882-0001번지 0000동 0433호 110만/㎡	110,062,404	99.3343

물건지	시가표준액(원)	연면적(㎡)
경기도 김포시 구래동 일반번지 6882-0001번지 0000동 0404호 82만/㎡	81,433,636	99.3129

개별공시지가는 각각 310만/㎡, 320만/㎡이며 시가표준액
은 층수나 호실에 따라 82만/㎡부터 110만/㎡로 나타나고 있

습니다. 특히 이편한오피스텔의 99㎡호실들은 투룸으로 분양가가 현재 디원시티와 비슷하기 때문에 비교가능할 것으로 생각됩니다. 다만 디원시티는 중심상업지구가 아닌 자족시설용지에 위치하고 있으므로 이보다는 공시가가 낮을 것으로 예상합니다. 따라서 저는 디원시티 431호의 개별공시지가를 250만/㎡, 시가표준액은 80만/㎡로 잡아보도록 하겠습니다. 어디까지나 저의 개인적인 예상이니만큼 이 부분에 대해서는 다시한번 이해부탁드립니다.

그럼 이제 비교적 계산이 쉬운(?) 토지분 재산세부터 본격적으로 구해보도록 하겠습니다.

토지분 재산세 예상 (디원시티 431호)	
공시지가(예상)	2,500,000/㎡ × 13.6419㎡ =₩34,104,750
과세표준(a)	34,104,750 × 70%(공정시장가액비율) =₩23,873,325
토지분 재산세(b)=a×0.2%	23,873,325 × 0.2%(세율: 분리과세대상 중 그 밖의 토지) =₩47,700
도시지역분 재산세(c)=a×0.14%	23,873,325 × 0.14%(고정) =₩33,400
본세(d)=b+c	47,700 + 33,400 =₩81,100
지방교육세(e)=b×20%	47,700 × 20% =₩9,540
총 재산세 납부세액(토지분)=d+e	81,100 + 9,540 =₩90,640

1. 제곱미터당 공시지가에 대지지분을 곱하면 예상 공시지가가 나오겠죠?

2. 주택 이외 토지, 건축물에 대해서는 현재 공정시장가액 비율이 70%로 정해져 있는데, 이걸 곱하면 과세표준이 구해집니다.

3. 디원시티 지식산업센터는 분리과세대상 중에서도 그 밖의 토지에 해당하므로 세율 0.2%를 곱합니다.

4. 과세표준에 도시지역분 세율인 0.14%를 곱해줍니다.

5. 지방교육세는 3번의 20%를 곱해서 구합니다.

6. 3번+4번+5번을 하게 되면 토지분 재산세 납부세액이 나오게 됩니다.

7. 디원시티의 개별공시지가를 250만/㎡로 책정했을 경우 토지분 재산세는 약 9만원 정도 되는군요!

건축물 재산세도 저 방법대로 하면 되는데요. 다만 지역자원시설세라는 것만 잠깐 설명해드리도록 하겠습니다. 아래 고지서에 지역자원시설세 구간과 세율이 잘 나와있습니다.

		주택		건축물		선박 항공기	
과세근거	· 지방세법 제6조4 ~ 제23조, 제141조 ~ 제154조			납세의무자	· 재산세 과세기준일(6.1) 현재 재산을 사실상 소유하고 있는 자		
과세표준	· 주 택: 주택공시가격 × 공정시장가액비율(60%) · 건축물: 자치단체장이 고시한 가격 × 공정시장가액비율(70%) · 토 지: 개별공시지가 × 공정시장가액비율(70%) · 선박 및 항공기: 자치단체장이 고시한 가격			재산세의 세 부 담 상 한	· 전년 대비 세 부담 증가를 상한비율 이하로 제한하는 제도 · 비율: 주택 중 공시가격이 3억원 이하 5%, 6억원이하 10% 6억원초과 30%, 일반 건축물 및 토지 50%		
세 율							
재 산 세	과세표준	주택 세율		건축물 분류	세율	선박 항공기 분류	세율
	6천만원 이하	0.1%		고급오락장(법54조)	4%	고급선박(법55조)	5%
	6천만원 초과 1억5천만원 이하	60,000원+6천만원 초과금액의 0.15%		과밀억제권역공장신설 증설	1.25%	그 밖의 선박	0.3%
	1억5천만원 초과 3억원 이하	195,000원+1억5천만원 초과금액의 0.25%		도시 및 주거지역내 공장용 건축물	0.5%	항공기	0.3%
	3억원 초과	570,000원+3억원 초과금액의 0.4%		그 밖의 건축물	0.25%		
	· 별장(법13조): 4%						
도시지역분	과세표준의 0.14%			지방교육세	재산세액의 20%		
지역자원 시설세 (소방시설)	과세표준	세율		과세표준	세율		
	600만원 이하	0.04%		2,600만원 초과 3,900만원 이하	13,700원+2,600만원 초과금액의 0.09%		
	600만원 초과 1,300만원 이하	2,400원+600만원 초과금액의 0.05%		3,900만원 초과 6,400만원 이하	24,100원+3,900만원 초과금액의 0.08%		
	1,300만원 초과 2,600만원 이하	5,900원+1,300만원 초과금액의 0.06%		6,400만원 초과	49,100원+6,400만원 초과금액의 0.07%		
	· 중과세 대상: 저유소, 주유소, 청유소, 유흥장, 극장 및 4층 10층 이하의 건축물 등 대통령령으로 정하는 화재위험 건축물 - 2배중과 · 대형마트, 복합상영관 호텔, 11층 이상의 건축물 등 대통령령으로 정하는 대형 화재위험 건축물 - 3배중과						
가 산 금	· 지방세징수법 제30조: · 고지 · 가산금: 납부기한이 지나날부터 3%, 가산하여 징수 · 중가산금: 세액별 금액이 30만원 이상이고 납부기한이 지나날부터 1개월이 지날때마다 매월 0.75% 씩 최장 60개월간 45% 가산하여 징수						

건축물 재산세 예상 (디원시티 431호)

시가표준액(예상)	800,000/㎡ × 93.6496㎡ =₩75,159,680
과세표준(a)	75,159,680 × 70%(공정시장가액비율) =₩52,611,776
토지분 재산세(b)=a×0.25%	52,611,776 × 0.25%(일반세율: 주택 이외의 건물) =₩131,000
도시지역분 재산세(c)=a×0.14%	52,611,776 × 0.14%(고정) =₩73,000
본세(d)=b+c	131,000 + 73,000 =₩204,000
지역자원시설세(e)	(24,100 + 13,600) × 2 과세표준 3900만원 초과 6400만원 이하 (3900만원 초과금액×0.1%, 4층 이상 10층 이하 화재위험건축물—2배 중과) =₩75,400
지방교육세(f)=b×20%	131,000 × 20% =₩26,200
총 재산세 납부세액(건축물)=d+e+f	204,000 + 37,700 + 26,200 =₩305,600

과세표준이 어느 구간에 있는지 확인하고, 중과세 기준도 살펴보셔야 합니다. 디원시티는 10층 건물이므로 나온 세액의 2배! 서울이나 수도권의 더 높은 지식산업센터들은 3배인 경우도 많겠죠? 이렇게 해서 건축물 재산세는 약 30만원 정도 나오게

되네요. 예상되는 디원시티의 토지분+건축물 재산세는 총 40만원 정도로 추산해 볼 수 있겠습니다. 도정국 대표님께서 자주 하시는 말씀 중 하나가 한달치 월세는 그냥 없다고 생각하라고 하시는 건데요. 디원시티의 경우 대출80%. 월임대료 100만원을 받는 경우 이자를 제하고 예상순수익이 월5~60만 정도이니, 딱 한달치 월세로 충분히 납부가능하지 않을까 예상해 봅니다. 비단 디원시티 뿐만 아니라 수도권 지식산업센터의 재산세에 대한 이해나 다른 재산세를 구하는데에도 도움이 되셨으면 좋겠습니다.

 ps. 디원시티의 개별공시지가가 250만/㎡보다 낮은 200만/㎡이라면 어떨까요?

토지분 재산세 예상 (디원시티 431호)	
공시지가(예상)	2,000,000/㎡ × 13.6419㎡ =₩27,283,800
과세표준(a)	27,283,800 × 70%(공정시장가액비율) =₩19,098,660
토지분 재산세(b)=a×0.2%	19,098,660 × 0.2%(세율: 분리과세대상 중 그 밖의 토지) =₩38,000
도시지역분 재산세(c)=a×0.14%	19,098,660 × 0.14%(고정) =₩26,000
본세(d)=b+c	38,000 + 26,000 =₩64,000
지방교육세(e)=b×20%	38,000 × 20% =₩7,600
총 재산세 납부세액(토지분)=d+e	64,000 + 7,600 =₩71,600

250만/㎡일때보다 약 2만원 가량 저렴해지는군요!

김포 디원시티
임장투어 맛보기!

투자라는 게 나에게서 가까워야 할 필요가 있을까요? 어디가 됐든 나에게 충분한 수익을 가져다 준다고 한다면 그게 어디라도 한번 가서 봐야 되겠죠? 서울 사람들도 제주도, 강원도에 펜션, 호텔을 투자하기도 하고, 제주도 사람들도 서울과 수도권에 아파트도 사고 상가도 사고 지산도 사곤 한답니다. 자, 그럼 김포 임장은 왜 필요할까요?

1. 멀어서, 그 동안 관심밖에 있었기 때문에, 잘 모르시기 때문입니다.

저는 단순히 영업직원이 아닌 시행사 분양사업부 직영팀입니다. 또한 구래지구에서 중개사무소를 운영하고 있는 대표 공인중개사이기도 합니다. 이 회사가 부지를 매입하기 전의 프롤로그부터 현재에 이르기까지 일반 직원분들보다 더 많은 것들을 알고 있고 여러분들께 풀어 드릴 수 있습니다. 중간중간의 비하인드 스토리까지 사이드메뉴로 가능하죠.

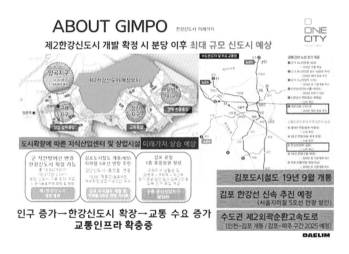

대림이라는 굴지의 메이저 건설사와 해안이라는 세계적인 건축사가 연면적 2만평, 디원시티 2차를 포함하면 연면적 4만평에 이르는 지식산업센터를 짓는데는 단순하게 접근할 수가 없습니다. 무엇을 고려했고, 어떤 부분에서 미래가치의 투자가

능성에 대해 주목했는지는 일반 영업직원분들 모두가 알 수 있는 내용들은 아니랍니다.

2. 사실관계를 확인해야 하기 때문입니다.

그 동안 제가 아투연에 올려드린 칼럼과 뉴스만 20개가 훌쩍 넘어갑니다. 김포 구래가 뜬다고~ 좋다고~ 디원시티가 초역세 권이라고~ 배후에 엄청 큰 산업단지가 있다고~ 그렇게 계속 말씀을 드렸고, 여러 자료와 데이터를 제시해드리고 있습니다.

구래 상업지구 상가 임대료 시세 (기입주 상가 기준, 2층 이상, 단위: 만원 / py)

	보증금	월세	계약면적	전용면적	계약평당임대료	전용평당임대료
1	3000	175	46.64	24.82	3.7	7.0
2	3000	150	42.84	23.88	3.5	6.2
3	3000	160	50	26.39	3.2	6.0
4	2000	135	45.37	22.62	3.0	6.0
5	3000	150	54.14	27.04	2.77	5.54
6	3000	160	60.5	28.89	2.65	5.5
7	2000	140	48.16	25.95	2.9	5.4
디원시티 2021.1입주	1000	100	33.97 (+2.12)	17.28 (+2.12)	2.7	5.1
8	2000	130	55.96	28.89	2.32	4.5
9	4000	240	102.78	57.17	2.34	4.2
10	2000	100	50.52	26.89	2.0	3.7
11	1000	100	48.92	27.39	2.0	3.65
12	1000	60	29.99	17.99	2.0	3.3
평균 (디원시티 제외)	2416	141			29.38	5.08

네이버부동산매물(2019.6.2) 기준

밑져야 본전이지 하고 오후에 시간 한번만 내셔서 눈으로 직접 보시면 이 모든 걸 깔끔하게 확인할 수가 있습니다. 제가 그

냥 '약을 파는건지' 아니면 사실에 근거한 '브리핑'을 하는지는
카페에서 글로만 보시면 모르시겠죠?

3. 매우 체계적이기 때문입니다.

보통 혼자서 임장이라는 것을 다니시면 어떠신가요? 부동산
에도 가보고 모델하우스에도 가보고 하셨을텐데, 중구난방인
경우가 많습니다. 내가 원하는 것만 대답해주면 좋겠는데 그런
것도 아니고, 무작정 팔기에만 혈안이 되어있는 모습에 지치기
도 하죠.

사실 이건 제 영업비밀이자 노하우기도 하기 때문에 좀 조심

스럽기도 하지만, 오늘은 살짝 공개해드립니다. 모델하우스 유닛 투어-〉현장 임장-〉산업단지 임장-〉구래지구 투어로 이어지는 디원시티 임장은 아투연회원분들과의 다수의 임장경험으로 시간이나 순서가 항상 일정하게 짜여져 있습니다.

상담사의 이야기만 일방적으로 듣다 나오시는게 아닌 '커뮤니케이션'을 하시게 될 겁니다. 또한 임장오신 분들께 드리는 자료는 저도 직접 발로 뛰고 보고 듣고 묻고 찾으면서 임장하고, 조사하고, 분석하고, 제작한 직영팀만의 자료로 여타 현장, 어떤 영업직원들과는 분명 다르실 겁니다.

4. 많은 아투연 회원분들께서 선택하셨고 후기로 인증하셨기 때문입니다.

　앞서도 말씀드렸지만 아투연 카페에서 임장후기나 방문후기 또는 계약후기에 관한 글들이 가장 많이 올라오는 지식산업센터는 디원시티입니다. 후기를 남길만큼 매력적이란 이야기겠죠? 전혀 고려도 하지 않으셨다가 얼떨결에 오게 되셨는데 생각보다 너무 좋아서 놀라시고, 와보길 잘했다고 말씀들을 많이 하시죠. 그러면서 다들 '역시 직접 발로 돌아다녀봐야 한다'는 결론을 내리십니다. 거기에 단순히 김포와 디원시티만이 아닌 서울과 수도권 지산의 동향에 대해서도 알기 쉽게 말씀해주시는 본사의 임직원분들도 아투연 회원분들이 오신다고 보고하면 가급적이면 시간을 내서 모델하우스에 오시기도 하구요. 아! 저는 후기를 강요하는 사람이 절대 아닙니다! 제가 회원분들을 상담해드린 후기는 써도 다녀가신 분들께는 한번도 써달라고 한 적도 없습니다 ㅋㅋ

5. 아투연 임장만의 시크릿 혜택이 있기 때문입니다.

　시크릿인데 제가 여기다 적으면 시크릿이 아니겠죠? 김포 구래지구에서 저와 직접 만나게 되시면 확인하실 수 있습니다.

6. 안 사셔도 됩니다.

　저는 허구헌 날 전화하고 문자하고 구구절절 매달리는 그런 사람이 아닙니다ㅎㅎ 그건 아마 디원시티에 다녀가신 회원분들은 다들 인정하실 겁니다^^ 대신 오셨을 때 최대한 많은 것들을 보여드리고자 노력할 뿐이고, 김포와 디원시티의 가능성에 대해 납득하지 못하신다고 하면,, 그것 또한 제가 감당해야 할 부분이니까요. 그럼 대신 그 기회는 또 다른 어떤 누군가에게 찾아가겠죠?

지식산업센터 기숙사도 투자할만 할까요?

김포한강신도시 구래지구 최초 공급이자 최초 역세권이자 최초의 메이저브랜드 지식산업센터인 대림 디원시티 1차는 이제 이번달이면 사실상 마무리가 될 것으로 보입니다. 그동안 성원해주신 아투연 스탭분들과 회원님들께 감사의 말씀 드립니다. 물론 실입주기업이나 투자하실 분들이 아직 있으시다면 언제든 문의주시구요, 저도 직영팀으로서 최선을 다해 알짜배기 자리들을 만들어 보도록 하겠습니다. 그래도 기숙사나 상업시설의 경우는 그나마 지식산업센터보다는 여지가 조금은 더 남아있답니다.

지식산업센터에 기숙사가 붙어 있는 경우들이 많은데요, 도대체 이 기숙사의 정체가 뭔지, 투자를 해도 될 만한 건지 사실 감을 잘 못 잡으시는 분들이 많습니다. 분명 틈새투자상품으로 뉴스나 기사에도 심심찮게 나오고 있긴 한데.... 그런 의미에서 오늘은 기숙사가 어떤건지, 과연 투자할만한 가치가 있는 것인지 한번 알아보도록 할까요?

1. 기숙사 (in 지식산업센터) 란?

기숙사는 지식산업센터 입주기업과 종사자들의 편의를 위한 일종의 지원시설로 '원칙적'으로는 취사시설이 들어갈 수가 없습니다. '기숙사'라는 단어가 주는 어감이 별로 좋지도 않지만, 이 단어 때문에 '투자'의 목적으로 생각하지 못하는 분들이 많죠. 그래서인지 요즘 지식산업센터의 기숙사ㅈ에는 취사시설이 들어가게 됩니다. '원칙적'으로는 넣을 수 없지만 대부분 시행사들은 법망을 조금 우회하는 방법으로 취사시설을 집어 넣습니다. 지역적으로 애초에 허가가 되는 곳들도 있구요. 어쨌든 불법이 아니니 투자자들에게 나중에 해가 되는 부분은 발생하지 않습니다. 이렇게 해서 지식산업센터의 기숙사는 '오피스텔형 기숙사'로 한단계 발전하게 됩니다.

2. 기숙사 vs 오피스텔

- 주택임대사업자

	지식산업센터 內 기숙사	일반 오피스텔
주택임대사업자	X	O
대출(MAX)	70%	60%
주 임차인	기업	일반인

가장 큰 차이는 주택임대사업 가능여부입니다. 기숙사는 애초에 주택이 아니기 때문에 주택임대사업을 할 수 없겠죠? 원래 주택임대사업자는 취득세 감면 혜택을 받기 위해 등록하시는 분들이 많았는데, 이제는 혜택보다는 족쇄로 작용하고 있다는 걸 많은 투자자들이 체감하고 있는 상황입니다. 특히 임대료 상승에 큰 제한이 생기고, 처분할때도 제약사항들이 있어 주택임대사업자등록을 후회하시는 분들도 많습니다. 반대로 일반임대사업자에는 전입신고가 안되고 따라서 전세도 내줄수가 없습니다. 어차피 대부분 회사에서 평일에 근무하는 직원들을 위해 혹은 가끔 방문하는 바이어들을 위해 숙소용도로 계약하는 기숙사에 전입신고가 필요한 세입자가 얼마나 될지 생

각해보시면 좋을 듯 합니다.

- 가격

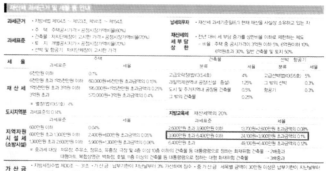

　가격에도 차이가 좀 있습니다. 시행사 입장에서 지식산업센터의 주매출은 상가와 지식산업센터에서 나오지 기숙사가 아닙니다. 기숙사를 메인으로 내세우는 지식산업센터가 있어서는 안되죠. 따라서 기숙사의 가격은 보통 인근의 오피스텔보다 저렴하게 나오기 마련입니다. 하지만 그렇다고 월세도 그만큼 저렴할까요? 아니요, 월세는 비슷한 수준의 시세로 형성되게 됩니다. 더 싸게 사서 비슷하게 받는다면 이익이 더 많이 남게 됩니다.

- 대출비율

　전국에 오피스텔과 지식산업센터 둘 중 어떤게 더 많을까요?

전국의 대지에 오피스텔부지가 더 많을까요? 지식산업센터를 지을 수 있는 부지가 더 많을까요? 모든 지식산업센터가 기숙사가 다 있을까요? 이 질문의 답은 지식산업센터 기숙사는 분명 희소가치가 있다는 말입니다. 그럼 은행입장에서는 어느 쪽에 더 많이 빌려줄지 답이 보이시나요?

대출금리	기숙사	<	오피스텔
관리비(상대적)	기숙사	>	오피스텔
직주근접(상대적)	기숙사	>	오피스텔

거기에 지식산업센터와 마찬가지로 상대적으로 더 저렴한 금리로 이자비용을 충당할 수 있습니다. 위에 어차피 월세는 비슷한 수준으로 형성된다고 했기 때문에 실투자금이 줄어드는만큼 더 큰 수익률을 낼 수 있게 됩니다.

- 주 임차인

임차계약을 하는 세입자가 누구인지는 임대인 입장에서는 매우매우 중요한 사안입니다. 당연히 월세를 밀리지 않는 사람, 깨끗하게 잘 써줄 사람이 들어와주길 바랄텐데요. 일반 오피스텔 임대시장에서는 이걸 분간해 내기가 쉽지가 않습니다. 그렇다고 부동산들이 세입자를 선별해가면서 계약해 주는 것도 아니구요. 1년 계약으로 들어와서는 반년만에 사정이 생겨 나간다고 하고, 뭐가 안된다, 뭐가 고장났다 등등 임대인들이 신경써야 하는게 너무너무 많습니다. 여기서 바로 기숙사의 장점이 드러납니다. 위에서 잠깐 언급했지만 기숙사의 주임차인은 기업입니다. 기업이 숙소용도로 몇채씩 계약하는 경우들이 많아 장기적으로 보다 안정적으로 월세를 꼬박꼬박 받을 수 있게 됩니다. 그리고 숙소까지 챙겨주는 기업들이 일반 세입자들처럼 사사건건 트집잡는 경우들은 많지 않습니다. 임대인 입장에서는 그만큼 신경쓸 일이 줄어든다는 이야기지요.

- 관리비

관리비 이야기를 안 할 수가 없는데요. 지식산업센터는 공장으로 분류되기 때문에 산업용 전기를 쓰는 경우가 대다수입니다. 그럼 같은 건물에 있는 기숙사는 일반 전기를 사용할까요? 적어도 디원시티 기숙사의 경우는 지식산업센터에 들어가는 산업용 전기를 그대로 사용하고, 옥상에 있는 우수저장장치를 통해 정화된 공용수도 똑같이 사용하게 됩니다. 이말인즉슨 관리비 측면에서 오피스텔보다 훨씬 효율적일 수 밖에 없다는 겁니다. 오피스텔 세입자들 사이에서는 이 관리비가 매우 중요한 화두인데요, 6~7평 원룸 기준으로 10~15만원이면 상당히 부담이 되는 금액이니까요. 기숙사는 평균 10만원 정도에서 유지될 것으로 보입니다.

3. 직주근접

기숙사는 기본적으로 회사와 같은 건물을 씁니다. 물론 이걸 싫어하고 부담스러워 하는 분들도 많습니다만... 회사에서 기름값 대신 그냥 숙소를 계약하고 이걸 직원들에게 제공한다면 이야기가 좀 달라집니다. 게다가 기숙사는 지식산업센터라는 큰 건물을 사용하기 때문에 주차공간부터 편의점, 구내식당, 음식점 등 다양한 편의시설을 쉽게 이용할 수 있고, 경우에 따라서는 피트니스센터나 골프연습장 등 커뮤니티 시설도 함께 이용할 수 있는 장점도 있습니다. 진정한 '워라밸'이 가능한 환경과 인프라가 구축되어 있다는 건 정말 큰 장점이 됩니다.

4. 디원시티 기숙사 (스튜디오)

한강신도시 대림 디원시티에도 기숙사가 180개 호실이 있습니다. 모든 호실은 동일한 구조로 되어 있는데요, 1룸+발코니+

복층으로 실사용면적만 11.6평에 이릅니다. 그런데 가격은 구래지구 단순1룸 오피스텔 가격과 비슷하거나 낮은 수준이라는 사실!

하지만 구성자체가 1룸만 있는게 아니라 발코니에 복층까지 서비스면적으로 제공하고 있고, 심지어 구래지구의 어떤 오피스텔보다 지하철역에서 가깝기 때문에 월세도 단순1룸보다는 더 높이 받을 수 있을거라는 전망이 지배적입니다. 거기다 디원시티의 다양한 편의시설, 커뮤니티시설들을 누릴 수 있는데, 특히 디원시티1,2차 약 500M에 이르는 디원컬쳐라인이라는 조경공원을 코앞에서 누릴 수 있다는 점도 메리트가 되겠죠.

요즘 이쁜 공원에서 산책할 장소도 시간도 사실 찾기가 어려우
니까요. 옥상에는 옥상정원도 있고, 로비층에는 피트니스센터
도 마련되어 있죠.

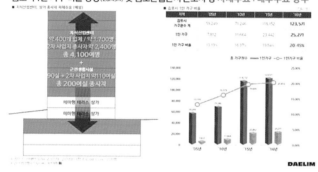

한강신도시 대림 디원시티는 1차, 2차 총 3개의 건물로 지어
집니다. 지식산업센터가 1차에는 약 400실, 2차에는 약 600실
로 구성이 되는데, 다만 2차에는 기숙사가 들어가지 않습니다.
그럼 사무실 1000개실에 가장 가까운 주거시설이라는 건데,
180개 기숙사의 수요를 크게 걱정할 이유가 있을까요? 더군다

나 구래지구에 최초로 공급되는 지식산업센터에 김포산업단지에서 가장 가까운 지식산업센터인데 말이죠. 디원시티의 종사자만 5000여명에 이를 것으로 기대되는 만큼 수요는 충분하다고 보여집니다.

6. 디원시티 기숙사의 투자포인트

김포를 비롯한 지식산업센터 투자의 경우, 특히나 디원시티의 경우에는 구로,가산,성수,문정 등지의 아파트형공장 또는 지식산업센터를 선투자 하시고 남은 소액으로 투자하시는 분들이 제법 많았습니다. 그렇다 하더라도 계약금만 2000만원 이상 들어가야 하는 지식산업센터의 경우 부담이 되는 것도 사실이구요, 지어지고 있는 건물이니만큼 1~2년 후의 미래에 투자를 하신다고 봐야겠죠. 이보다 계약금이 조금 부족한 분들이나 정말 수익형부동산투자를 연습삼아 해보고 싶으신 분들, 혹은 오피스텔 하나 정도 욕심나셨던 분들에게는 정말 매력적이라고 할 수 있습니다. 입주기업 입장에서도 직원복지를 위해 저렴한 기숙사를 분양받거나 임차하는게 경제적으로 훨씬 이득이 될 수 밖에 없구요.

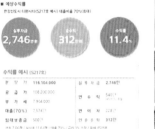

D-ONE CITY STUDIO
SPECIAL MERIT 특장점
2021년 1월 입주시 디원시티 스튜디오 예상임대료
보증금 500만 / 월세 45만 형성 예상 (예상수익률 11%)

■ 예상수익률
한강신도시 디원시티(S217호 예시) 대출비율 70%(최대)

실투자금	상승분	수익률
2,746만원	**312**만원	**11.4**%

수익률 예시 (S217호)

분 양 가	116,104,000	실 투 자 금	2,746만
공 급 가	108,200,000	연 수 익	540만/월 45만
부 가 세	7,904,000		
대출(70%)	7,574만	연 이 자	228만
임대보증금	500만	연 순 수 익	312만

| 오피스텔 대비 넓은 서비스 공간 (전실 복충, 발코니) |
| 오피스텔 대비 저렴한 분양가 |
| 휴식공간/여가시설 (옥상정원/피트니스센터) |
| 편의시설 접근성 (디원시티 몰 90개실) |
| 출·퇴근 시간 단축 삶의 질, 업무만족도, 생산성 향상 (입주업체 기숙사 사용시) |

DAELIM

7. 디원시티 기숙사의 예상수익률

대출이 잘 나오는 것에 더해 요즘 금리가 많이 내려가서 예상 수익률이 예전보다 더 상승했습니다. 계약금 10% + 대출 70% + 잔금 20% + 보증금 500만원 = 실투자금 약 3100만원 정도 되는군요. 수익률 예상에는 임대료 예상이 중요한데, 구래지구 의 주요 오피스텔들을 살펴보면

단순1룸이 300/35~40으로 형성되어 있고, 1룸+복층인 경 우 300~500/40~45가 현 시세입니다. 1년2개월 뒤 입주하는 디원시티의 경우, 심지어 전철역에서는 더 가까운데다 1룸에 복층과 발코니까지 갖추고 있으니 최소 45만원을 받을 수 있다

는 예상은 충분히 타당성이 있죠? 그렇게 되면 수익률은 11% 이상 나오게 되고, 이는 일반 오피스텔 시장이 활황이던 시기에도 사실상 불가능한 수익률이었답니다.

<저스트고 디원시티> 아투연 임장투어 끝판왕!!

-김포 디원시티 여행 가이드-

오는 12월11일에는 아투연에서 김포 임장을 가죠? '다들 좋다고는 하던데, 한번 가보고는 싶다, 어떤 곳인지 궁금하다' 하시는 분들은 올해 마지막이 될 이번 김포 임장에 꼭 참여해보시길 바랍니다! 시기상으로도 올해 마지막이기도 하고, 디원시티1차 분양마감도 연말 전에 이뤄질 것으로 보입니다 그래서 오늘은 잠시, 김포한강신도시 최초의 역세권이자 메이저 브랜드 지식산업센터이자, 한강신도시에서 가장 큰 구래지구에 최초 공급되는 지식산업센터인 디원시티의 여행 작가가 되어볼까 합니다.(그러니 반말체도 양해바랍니다 ㅠ) 물론 임장오셨을 때도 저, 이차장이 직접 여러분을 가이드 해드립니다!

1. 김포 입성

사우,풍무로 대표되는 구도심은 동쪽, 운양,장기,구래로 이어지는 신도심(한강신도시)은 서쪽에 자리잡고 있다. 김포는 서울의 서쪽에 인접한 도시로 가깝다. 김포 북쪽에 김포한강로는 올림픽대로와 바로 연결되어 있으며, 그렇게 한강을 따라 달리다보면 강서구 마곡을 기준으로 구도심은 차로 15~20분, 신도심은 25~30분 정도 소요된다. 단, 김포한강로에는 10km에 이르는 구간단속구간(80km/h)이 있으니 적당한 속도로 강, 평야, 구도심, 신도심 등 다양한 풍경을 둘러보면 좋다. 최근에는 김포골드라인이 개통되어 아투연이 위치한 구로디지털단지에서도 지하철로 편리하게 1시간 내외로 이동이 가능하다.

2. 디원시티 모델하우스 유닛투어 / 브리핑

(김포시 구래동 6882-5 이너매스한강 2층) 분양중/건축중인 건물을 둘러보려면 모델하우스는 필수다. 조감도가 아닌 실물처럼 정교한 모형과 번듯하게 잘 꾸며진 유닛으로 대리임장이 가능하기 때문이다. 디원시티 모델하우스는 구래 중심상업지구 한복판 건물 2층에 약 120평으로 꾸며져 있다. 국내 최고 설계회사인 해안건축의 설계디자인을 그대로 구현한 1/60 모형과 최근 트렌드를 반영한 공유오피스 스타일의 지식산업센터 유닛으로 디원시티1차를 가늠해 볼 수 있다. 모델하우스 한켠에는 스튜디오(기숙사) 유닛도 함께 전시되어 있다. 구래지구에서는 볼 수 없는 1룸+발코니+복층의 독특한 단일 구성을 가진 기숙사는 보는 이들로 하여금 '역시 대림'이라는 감탄사를 자아낼만큼 깔끔함을 자랑한다. 거기에 인근 오피스텔에 비

해 입지도 좋고, 가격까지 착하다니 디원시티 모델하우스를 방문하게 되면 꼭 한 번 둘러보시길! 모델하우스에서 모형, 유닛, 대형지도 등을 통해 이차장의 담백한 브리핑을 듣고 나면 빨리 현장을 보고 싶어진다.

3. 디원시티1차 현장 임장

(김포시 구래동 6871-7,8,9) 모델하우스에서 유닛투어가 끝나면 곧장 현장으로 이동해야 한다. 임장투어의 소요시간이 제법 되기 때문에 지체하면 집에 가는 시간이 늦어지게 된다. 김포 구래지구의 자족시설용지에 위치한 디원시티1차 현장을 가는 길에는 TJ미디어의 김포사옥도 볼 수 있고, 그 맞은편으로는 최근 착공을 시작한 구래지구의 2번째 지식산업센터도 확인할 수 있다. 파랑과 주황 가림막으로 뒤덮인 디원시티1차 현장을 마주하게 되면 그 규모에 다들 놀라움을 금치 못한다. 좌우 길이만 200m에 현재 4층이 올라가고 있는데도 불구하고, 맞은편 오피스텔의 6층 높이에 이른다. 그 바로 옆의 디원시티2차 부지에는 현재 시공사인 대림산업이 컨테이너들을 다수 내려놓고 현장사무실과 구내식당으로 사용중이다. (TMI 이지만

덧붙이자면 대림 시공 현장의 쾌적한 컨디션은 여타 건설현장과는 사뭇 다르다. 화장실에 비데부터 에어컨, 온열기까지 설치되어 있으며, 샤워실까지 구비되어 있다. 혹시라도 화장실을 사용해야 한다면 대림 현장사무소 밑에 소개할 양촌역을 사용하면 쾌적하게 사용가능하다.)

4. 양촌역 / 한강차량기지

그렇게 1차 현장과 2차 부지를 지나가면 이윽고 양촌역이 나타난다. 마치 어느 한적한 시골의 간이역 같은 아담함이 물씬 풍긴다. 차에서 잠깐 내려 투자를 생각하며 여기까지 치열하게 달려온 자신에게 잠깐이나마 힐링타임을 주자. 양촌역 바로 옆에는 김포골드라인 한강차량기지가 자리잡고 있다. 개통 전에는 내부까지 들어갈 수 있었지만, 지금은 차단기가 생겨 외부에서만 김포귀요미로 불리는 골드라인 경전철들을 확인할 수 있다. 이차장은 아직은 숨겨져 있는 양촌역 2번 출구도 지나치지 않는 세심함을 보여준다. 2번 출구의 아기자기한 벽화를 배경으로 기념사진도 한장 찍어도 좋다. 2번 출구부터 디원시티까지의 거리는 단 300m로 디원시티의 건축 모습을 멀리서 감상할 수 있기도 하다. 원한다면 현장까지 직접 걸어봐도 괜찮다.

5. 양촌산업단지

디원시티의 최대 배후수요는 김포골드밸리로 불리는 20여개의 산업단지다. 그럼 시간내서 온 김에 이 곳까지 다녀오는 편이 좋다. 현장에서 김포골드밸리의 초입인 양촌산업단지까지는 차로 약 5분 정도 소요된다. 다만 시간대에 따라 교통체증이 심해 산업단지에서 나올 때 어려움에 처할 수도 있다는 점 명심하자. 양촌산업단지에는 2008년 준공된 이젠지식산업센터라는 아파트형 공장이 있다. 드라이브인 시스템을 따라 내부도 살짝 들여다보자. 현재 이 건물을 통해 도심지인 구래지구에 디원시티가 왜 필요한지 알 수 있다. 이젠지식산업센터를 나오면 회사 사옥들과 대형공장들이 즐비하다. 그 중에는 양지사 본사와 계열사인 명지문화도 있고, 출판사 신사고의 책을 찍어내는 신사고 하이테크 공장도 볼 수 있다. 아쉽지만 산단 투어는 이쯤에서 끝내고 회차하는 게 좋다. 더 들어갔다가는 끝없이 펼쳐진 공장과 사옥들만 실컷 보다가 귀가시간은 배로 늦어지게 된다.

6. 구래지구 투어

다시 길을 달려 구래지구에 들어오게 되면 잘 계획된 구래지구의 진가를 마주하게 된다. 김포 최대 상권을 넘어 서북권 최대 상권으로 급상승 중인 구래 중심상업지구와 김포 최대 세대수를 자랑하는 구래지구의 아파트단지들이 중심상업지구를 둘러싸고 있는 모습은 이 도시의 잠재력을 느낄 수 있게 한다. 내년 여름이면 오픈할 나이트클럽 건물과 트레이더스급 규모의 대형 이마트, 엎어지면 코 닿을 거리에 있는 초초초역세 아파트인 메트로 예미지와 반도유보라4차를 지나 구래 중심상업지구 내부로 진입한다. 구래의 거리는 보통 3~4시부터 활발해지고 6~10시가 피크이니 구래지구의 참맛을 맛보고 싶은 분들은 나이트투어도 과감히 도전해 볼만 하다. 사람과 차들이 많아 기존 신도시에서는 느끼기 어려웠던 다이나믹함을 느끼면서 이자장이 대표인 시티공인중개사사무소도 지나고, 디원시티 시행사 디허브의 작품인 김포 최대 규모 오피스텔 이편한세상시티 오피스텔도 볼 수 있다. 날씨가 춥지 않다면 그 앞에 잘 정돈된 문화의 거리를 걸어 보길 권한다. 문화의 거리는 구래지구 호수공원부터 디원시티1차 앞까지 약 1.4km 길이의 보행자도로이다. 주말 낮에는 거리댄스공연, 금,토,일 저녁에는 버스킹도 자주 하는 구래지구의 명소이자, 먹자골목이다.

7. 컨설팅

　모형, 유닛, 임장까지 마치면 당연히 좋은 호실과 가격, 납부 일정이 궁금해 질 수 밖에 없다. 좋은 호실과 적정 가격에 대한 개인적인 견해는 상황과 투입가능자본에 따라 모두가 다르기 마련이다. 가뜩이나 남은 물량이 많지 않은 상황에서는 직원과의 긴밀한 커뮤니케이션이 중요하다. 따뜻한 차 한 잔으로 추운 몸과 마음을 녹이고, 서로 거래가 아닌 대화로 소통을 하다보면 가장 효용이 좋은 호실에 접근할 수 있다. 단순히 영업 직원이 아닌 건물을 직접 짓고 있는 회사의 영업팀이기 때문에 이 건물에 대해서는 누구보다 잘 이해하고 있다. 김포에서 가장 큰 오피스텔을 짓고, 성공적으로 분양하고 임차까지 맞추고 있는 회사로서 김포와 구래에 대해서는 타칭 전문가로 평가받는 팀의 컨설팅을 받으면 김포, 지식산업센터, 상가, 아파트까지 모두 아우르기 때문에 여러모로 도움이 많이 된다. 직영팀장, 본부장과 다이렉트 컨설팅도 가능하니 필요한 상황에는 요청해도 괜찮다.

디원시티 투어는 경우에 따라 순서는 바뀌는 경우가 종종 있으나, 시간이 짧아지는 경우는 많지 않다. 체계적인 시스템을 갖추고 항상 일정한 템포대로 진행되는데다 아투연 임장투어에서도 가장 긴 소요시간을 자랑할만큼 경험자들의 평이 매우 좋다. 아마 김포를 모르는 분들 뿐만 아니라 지식산업센터가 막연히 궁금했던 분들에게도 좋은 시간이 되지 않을까 하는 생각에 필자가 감히 강력추천해 본다.

이차장이 '디원시티 시그니처'로 돌아왔습니다!

〈디원시티 시그니처〉로 다시 돌아왔습니다~! "I'm Back!!!" 뚜둔!! 아투연 회원 여러분의 열화와 같은 성원과 관심 덕분에 디원시티1차는 성황리에 '분양마감' 되었습니다. 다시 한 번 감사의 말씀 드립니다. 요즘 온 나라가 뒤숭숭한 이 시점에 코로나 바이러스에 굴하지 않고 그동안 소문만 무성했던 디원시티 2차, 디원시티 시그니처가 드디어 공개되었습니다! 더 커진 스펙과 더 강력한 퍼포먼스로 여러분의 비즈니스와 투자에 새로운 동반자가 되어 줄 것입니다. 오늘은 '지식산업센터의 새로

운 명작' 〈디원시티 시그니처〉에 대해 가볍게 소개해 드리도록
하겠습니다~ 다들 준비 되셨죠?!!

CG_투시도 (전면-구래역방향)

일단 먼저 어떻게 생겼는지 알아야겠죠? 디원시티 시그니처
는 이렇게 생겼답니다. 정면(구래역방면)에서 바라본 모습인데
요, 조감도에서 오른쪽에 디원시티1차가 자리하고 있구요, 바
로 옆에 디원시티 시그니처가 지어집니다. 자세히 보시면 디원
시티 시그니처 중간에 마치 분리되어 있는 듯한 공간이 보이실
텐데요. 제대로 보셨습니다. 디원시티 시그니처는 총 2개동, 트
윈타워 형식으로 만들어 집니다.

이 조감도는 배면(양촌역방면)에서 바라본 모습인데요. 왼쪽

으로 디원시티1차, 그리고 시그니처와 1차 사이로 양촌역 방면 도로가 있습니다.

따라서 양촌역까지의 거리, 300M는 디원시티1차와 디원시티 시그니처가 같다고 생각하시면 되구요. 초역세권이라는 입지 또한 변함없답니다. 시그니처 건너편으로는 대지면적만 1000평에 달하는 주차타워가 들어서며, 그 건물에는 롯데시네마가 확정되어 있는데요, 객석수를 무려 1900석에 달하는 프리미엄 관으로 계획 중에 있답니다.

디원시티 시그니처와 디원시티 1차 앞의 〈문화의 거리〉를 따라 건너가면 현재 서부수도권에서 가장 핫하다는 구래 중심상업지구와 유흥상권이 인접하고 있으며, 이 문화의 거리는 이 불야성 상권을 가로질러 구래역과 호수공원까지 연결됩니다. 그리고 디원시티 시그니처 뒤에 갈색으로 된 조그만 벽돌건물이 보이시나요? 테마형 별동 상가입니다.

CG_투시도 (정면-야간)

정면에서 바라 본 야간 조감도 인데요 최근 건축 트렌드는 야간조명에도 아이덴티티를 부여하고 시각적 아름다움을 추구하고 있습니다. 디원시티 시그니처에 입주한 기업과 종사자들에게 프라이드를 심어줌과 동시에 상업시설과 인프라를 누리려는 시민들에게 제대로 된 랜드마크로 자리매김하겠다는 의지의 표현인 셈이죠.

  앞서 디원시티 시그니처는 트윈타워 형식으로 지어진다는 말씀을 드렸는데요, 사실 정확하게는 3개의 건물로 구성되어 있습니다. 바로 이 건물이 배면조감도에서 말씀드린 테마형 별동상가입니다. 총 2층, 4개호실로 이루어진 이 상가는 회식, 만찬, 세미나, 피로연 등 단체를 위해 최적화된 공간으로 만들어집니다. 요즘 단체석 한번 예약 하려면 일단 자리 잡는게 워낙 힘들잖아요. 별동상가 앞의 디원 컬쳐라인은 디원시티 1차와 연계해 500M에 이르며, 디원시티 시그니처에는 야외 공연장 등이 자리 종사자와 시민들의 문화생활과 워라밸에도 신경 쓴 모습입니다. 심지어 이 야외공연장은 향후 3~4년 동안 직접 공

연을 유치하고 운영할 계획까지 가지고 있다고 하니 기대가 큽니다.

PROJECT 개요

당 사업지는 김포한강신도시 구래동 자족시설용지 MS-7BL 위치
근린생활시설 1,456(3.3㎡) **포함, 연면적 19,670**(3.3㎡) **규모 지식산업센터**

■ 설계 개요

구 분	내 용
사업명	김포한강신도시 자족시설용지 MS-7BL 지식산업센터 개발사업
사업지	경기도 김포시 구래동 667-1,12,13,14,15
용도 지역 지구	자족시설용지 준주거지역, 지1종 지구단위계획구역
대지면적	9,488.00㎡ (2,870py)
건축면적	5,871.92㎡ (1,730py)
건폐율	59.78% (법정 60%)
전체 연면적	65,028.54㎡ (19,672py)
지상 연면적	47,319.72㎡ (14,320py)
용적률	498.73% (법정 500%)
규모	지하3층 ~ 지상10층
주차대수	678대 (법정대비 180%)

■ 용도별 분양면적표

구 분	호실수	전용면적		계약면적		전용률	면적 비율
		㎡	py	㎡	py		
지식산업센터	613	30,019.96	9,081.04	55,227.39	16,706.29	54.36%	84.93%
근린생활시설	96	4,813.50	1,456.08	8,741.21	2,644.22	55.07%	13.44%
창고	12	614.36	185.84	1,059.95	320.63	57.96%	1.63%
계	720	35,447.82	10,722.96	65,028.55	19,671.14	54.51%	100%

디원시티 시그니처는 연면적 약 2만평, 1차 포함 약 4만평, 가로 길이가 500M에 이르는 김포에서 유례가 없는 대형 지식산업센터 콤플렉스입니다. 디원시티 시그니처만 해도 지식산업센터 613개 상가 96개 창고12개 로 이루어져 있구요, 창고는 실입주용 5개를 제외한 투자가능 7개 호실이 청약오픈과 동시에 이미 선착순 접수가 완료된 상태입니다.

디원시티 시그니처는 현재 사전신청서를 접수받고 있으며, 3월9일 신청금 입금을 거쳐 4월 말 정식 오픈 할 예정입니다.

(원래는 3월20일로 예정되어 있었으나, 코로나의 여파로 조금

연기된 점 양해부탁드립니다ㅠ)

도대체 지식산업센터가 정확히 뭘 말하는 걸까?

코로나19바이러스로온 나라, 전 세계가 난리통입니다 ㅠ 하지만 이렇게 정신없는 와중에도 누군가는 사업을 확장하고, 누군가는 투자처를 찾고 있다는 사실! 코로나19도 언젠가는 잠잠해지고 종식될 것이기 때문입니다. 그렇다면 당연히 그 이후의 계획을 미리준비해야 하겠죠? 금리는 점점 떨어져 은행예금은 사실상 금고수준 밖에 안 되고, 주택은 자꾸 옭아매고, 오피스텔과 상가의 수익률은 점점 떨어지고, 지금 이 시점에 지식산업센터가 대안으로떠오르고 있는데요, 아마 많은 분들께서 궁금해하실 거라고 생각이듭니다.

지식산업센터는 예전에는 아파트형공장이라고불리던 것들입니다. 가산과 구로에 보면 도로를 따라 즐비하게늘어서 있는 고층 빌딩들이 바로 지금의 지식산업센터들인데요, 겉으로만 봐서는 강남의 여느 고층빌딩과다를 게 하나도 없습니다만, 이 지식산업센터라는 것이 특이하게도 상업시설이나 업무시설이 아닌 공장시설로 구분되는 것도 바로 이런 이유에서입니다. 지식산업센터에 관한 법은 〈산업집적활성화및 공장설립에 관한 법률〉에 규정되어있는데, 보통 '산집법'이라 하고, 법과 시행령으로 구분되어 있습니다.

법제처   국가법령정보센터

산업집적활성화 및 공장설립에 관한 법률

[시행 2020. 1. 16.] [법률 제16272호, 2019. 1. 15., 타법개정]

제2조(정의) 이 법에서 사용하는 용어의 뜻은 다음과 같다. <개정 2010. 4. 12., 2011. 7. 25., 2014. 1. 21., 2019. 12. 10.>

13. "지식산업센터"란 동일 건축물에 제조업, 지식산업 및 정보통신산업을 영위하는 자와 지원시설이 복합적으로 입주할 수 있는 다층형 집합건축물로서 대통령령으로 정하는 것을 말한다.

산집법의 전반적인 용어를 정의하고있는 법 제2조제13호에 따르면 "지식산업센터"란 동일 건축물에제조업,지식산업 및 정보통신산업을 영위하는 자와 지원시설이 복합적으로 입주할 수 있는 다층형 집합건축물로서 대통령령으로 정하는 것을 말하는데요, 흔히 생각하는지식산업,정보통신산업 뿐만 아니라 제조업도 지식산업센터에 입주할 수 있다는 사실! 자, 그럼 여기서 도대체 '대통령령으로정하는 것'이란 무엇을의미하는 걸까요? 이 대통령령이 바로 시행령을 뜻하는데요 시행령 제4조의6을 살펴보도록 하겠습니다.

산업집적활성화 및 공장설립에 관한 법률 시행령 (약칭: 산업집적법 시행령)

[시행 2019. 9. 24.] [대통령령 제30094호, 2019. 9. 24., 일부개정]

산업통상자원부 (입지총괄과) 044-203-4409

제4조의6(지식산업센터) 법 제2조제13호에서 "대통령령으로 정하는 것"이란 다음 각 호의 요건을 모두 갖춘 건축물을 말한다. < 개정 2011. 6. 27., 2011. 10. 26., 2015. 6. 30.>

1. 지상 3층 이상의 집합건축물일 것
2. 공장, 제6조제2항에 따른 지식산업의 사업장 또는 같은 조 제3항에 따른 정보통신산업의 사업장이 6개 이상 입주할 수 있을 것
3. 「건축법 시행령」 제119조제1항제3호에 따른 바닥면적(지상층만 해당한다)의 합계가 같은 항 제2호에 따른 건축면적의 300퍼센트 이상일 것. 다만, 다음 각 목의 어느 하나에 해당하여 바닥면적의 합계가 건축면적의 300퍼센트 이상이 되기 어려운 경우에는 해당 법령이 허용하는 최대 비율로 한다.
   가. 「국토의 계획 및 이용에 관한 법률」 제78조에 따라 용적률을 특별시·광역시·특별자치시·특별자치도·시 또는 군의 조례로 따로 정한 경우
   나. 「산업기술단지 지원에 관한 특례법」 제8조에 따른 면적을 준수하기 위한 경우

[전문개정 2009. 8. 5.]

[제목개정 2010. 7. 12.]

[제4조의5에서 이동 < 2010. 7. 12.>]

---

1. 지상 3층 이상의 집합건축물일것

2. 공장, 제6조제2항에 따른 지식산업의사업장 또는 같은 조 제3항에 따른 정보통신산업의사업장이 6개 이상 입주할수 있을 것

3. 「건축법 시행령」 제119조제1항제3호에 따른 바닥면적

(지상층만 해당한다)의 합계가 같은항 제2호에 따른 건축면적의300퍼센트 이상일것. 다만, 다음 각 목의어느 하나에 해당하여 바닥면적의 합계가 건축면적의 300퍼센트 이상이 되기 어려운 경우에는 해당 법령이 허용하는 최대 비율로 한다.

- 가. 「국토의 계획및 이용에 관한 법률」 제78조에 따라 ㅈ적률을특별시 · 광역시 · 특별자치시 · 특별자치도 · 시 또는 군의 조례로 따로 정한 경우
- 나. 「산업기술단지지원에 관한 특례법」 제8조에 따른 면적을준수하기 위한 경우

눈여겨 봐야할 내용은 공장, 지식산업 또는정보통신산업의 사업장이 6개 이상 입주'해야'하는 것이 아니고, 입주'할 수' 있어야 한다는 내용과 제3호의 기본적으로 최소 용적률 300%가 적용된다는점입니다. 물론 건폐율에 따라 다르겠지만 3층 이상에 용적률 300% 건물이면 기본적인 규모가 작지 않다는 의미가 되겠죠?

그렇다면 제조업, 지식산업, 정보통신산업은 과연 무엇을 말하는 걸까요?

판례 연혁 위임규칙 규제
산업집적활성화 및 공장설립에 관한 법률 (약칭: 산업집적법)

[시행 2020. 1. 16.] [법률 제16272호, 2019. 1. 15., 타법개정]

산업통상자원부(입지총괄과), 044-203-4409

제1장 총칙 〈개정 2009. 2. 6.〉

제1조(목적) 이 법은 산업의 집적(集積)을 활성화하고 공장의 원활한 설립을 지원하며 산업입지 및 산업단지를 체계적으로 관리함으로써 지속적인 산업발전 및 균형 있는 지역발전을 통하여 국민경제의 건전한 발전에 이바지함을 목적으로 한다.

[전문개정 2009. 2. 6.]

제2조(정의) 이 법에서 사용하는 용어의 뜻은 다음과 같다. 〈개정 2010. 4. 12., 2011. 7. 25., 2014. 1. 21., 2019. 12. 10.〉

1. "공장"이란 건축물 또는 공작물, 물품제조공정을 형성하는 기계·장치 등 제조시설과 그 부대시설(이하 "제조시설등"이라 한다)을 갖추고 대통령령으로 정하는 제조업을 하기 위한 사업장으로서 대통령령으로 정하는 것을 말한다.
2. 삭제 〈2010. 4. 12.〉
3. 삭제 〈2010. 4. 12.〉
4. 삭제 〈2010. 4. 12.〉
5. "유치지역(誘致地域)"이란 공장의 지방이전 촉진 등 국가정책상 필요한 산업단지를 조성하기 위하여 제23조에 따라 지정·고시된 지역을 말한다.
6. "산업집적"이란 기업, 연구소, 대학 및 기업지원시설이 일정 지역에 집중함으로써 상호연계를 통하여 상승효과를 만들어 내는 집합체를 형성하는 것을 말한다.
7. "지식기반산업집적지구"란 지식기반산업의 집적을 촉진하기 위하여 제22조에 따라 지정·고시된 지역을 말한다.

법 제2조 제1호에는 "공장"이란 건축물또는 공작물,물품제조공정을 형성하는 기계·장치 등 제조시설과 그 부대시설(이하 "제조시설등"이라 한다)을 갖추고 대통령령으로정하는 제조업을 하기 위한 사업장으로서 대통령령으로 정하는 것을 말한다고 되어 있는데요, 여기에서 또 '대통령령'으로 정하는 제조업이 등장합니다.

[관계] [연혁] [위임규칙] [규제]

산업집적활성화 및 공장설립에 관한 법률 시행령 (약칭: 산업집적법 시행령)

[시행 2019. 9. 24.] [대통령령 제30094호, 2019. 9. 24., 일부개정]

산업통상자원부(입지총괄과), 044-203-4409

[관계] [연혁] □ 제1조(목적) 이 영은 「산업집적활성화 및 공장설립에 관한 법률」에서 위임된 사항과 그 시행에 필요한 사항을 규정함을 목적으로 한다.
[전문개정 2009. 8. 5.]

[관계] [연혁] □ 제2조(공장의 범위) ① 「산업집적활성화 및 공장설립에 관한 법률」(이하 "법"이라 한 [위임] 다) 제2조제1호에 따른 제조업의 범위는 「통계법」 제22조에 따라 통계청장이 고시하는 표준산업분류에 따른 제조업으로 한다.

② 법 제2조제1호에 따른 공장의 범위에 포함되는 것은 다음 각 호와 같다. 〈개정 2013. 3. 23.〉

1. 제조업을 하기 위하여 필요한 제조시설(물품의 가공·조립·수리시설을 포함한다. 이하 같다) 및 시험생산시설
2. 제조업을 하는 경우 그 제조시설의 관리·지원, 종업원의 복지후생을 위하여 해당 공장부지 안에 설치하는 부대시설로서 산업통상자원부령으로 정하는 것
3. 제조업을 하는 경우 관계 법령에 따라 설치가 의무화된 시설
4. 제1호부터 제3호까지의 시설이 설치된 공장부지
[전문개정 2009. 8. 5.]

+ 위임 행정규칙

[관계] [연혁] □ 제3조 삭제 〈2010. 7. 12.〉

시행령 제2조(공장의 범위)에 보면 법제2조제1호에 따른 제조업의범위는 「통계법」 제22조에 따라 통계청장이고시하는 표준산업분류에 따른 제조업으로 한다고 명시되어 있습니다. 따라서 표준산업분류가 기준이라고 생각하시면 되겠죠?

지식산업과 정보통신사업 또한 시행령에서 규정하고 있는데요, 제6조(산업단지의 입주자격)제2항에는 지식산업을 27가지로, 제3항에는 정보통신산업을 5가지로 정의해놓았습니다. 항목이 좀 많긴 하지만 간단하게 한번 짚어보도록 하겠습니다.

산업집적활성화 및 공장설립에 관한 법률 시행령

산업집적활성화 및 공장설립에 관한 법률 시행령 (약칭: 산업집적법 시행령)

[시행 2019. 9. 24.] [대통령령 제30094호, 2019. 9. 24. 일부개정]

산업통상자원부 (입지총괄과) 044-203-4409

제6조(산업단지의 입주자격) ① 법 제2조제18호 및 제19호에서 "대통령령으로 정하는 자격"이란 다음 각 호의 자격을 말한다.
1. 해당 산업단지의 관리기본계획에 따른 입주대상업종 및 시설 또는 입주 기업체의 사업지원에 필요한 사업일 것
2. 해당 사업의 시행을 위하여 관련 법규에 따른 인가·허가 등을 받았거나 받을 수 있을 것
② 법 제2조제18호에서 "지식산업"이란 창의적 정신활동에 의하여 고부가가치의 지식서비스를 창출하는 산업으로서 다음 각 호의 산업을 말한다.<개정 2011. 9. 24., 2011. 10. 26., 2012. 12., 2014. 9. 6., 2015. 10. 6.>
1. 통계법 제22조에 따라 통계청장이 고시하는 표준산업분류에 따른 연구개발업
2. 고등교육법 제25조에 따른 연구소의 연구개발업
3. 기초연구진흥 및 기술개발지원에 관한 법률 ... 연구개발업
4. 건축기술, 엔지니어링 및 그 밖의 과학기술서비스업
5. 광고물 작성업
6. 영화·비디오물 및 방송프로그램 제작업
7. 출판업
8. 전문 디자인업
9. 포장 및 충전업
10. 다음 각 목의 어느 하나에 해당하는 교육서비스업
11. 경영컨설팅업(회계·세무·법무·시장 관리 및 전략기획에 관한 자문업무 및 지원을 하는 기업에 한정한다)
12. 번역 및 통역 서비스업
13. 전시 및 행사 대행업
14. 환경 정화 및 복원업
15. 영화·비디오물 및 방송프로그램 제작 관련 서비스업
16. 음악 및 기타 오디오물 출판업
17. 시장조사 및 여론조사업
18. 사업 및 무형 재산권 중개업
19. 물품감정·계량 및 견본 추출업
20. 무형재산권 임대업
21. 광고 대행업
22. 옥외 및 전시 광고업

연구개발업 / 건축기술, 엔지니어링 및그 밖의 과학기술서비스업 /광고물 작성업 /영화,비디오물 및 방송프로그램 제작업 / 출판업 / 전문 디자인업 / 포장 및 충전업 / 교육서비스업/ 경영컨설팅업/ 번역 및 통역서비스업 /전시 및 행사 대행업 / 환경 정화 및 복원업 / 영화, 비디오물 및방송프로그램 제작 관련 서비스업 / 음악 및 기타 오디오물 출판업 / 시장조사 및 여론조사업 / 사업 및 무형재산권 중개업 /물품감정,계량 및 견본 추출업 / 무형재산권 임대업 / 광고 대행업 / 옥외 및 전시 광고업 / 사업시설 유지관리서비스업 /보안시스템 서비스업 / 콜센터 및 텔레마케팅 서비스업 / 「이러닝(전자학습)산업 발전 및 이러닝 활용 촉진에 관한 법률」 제2조제3호가목에 따른 업 / 「통계법」 제22조제1항에 따라 통계청장이고시하는 표준산업분류에 따른 그 외 기타 분류 안 된 전문, 과학 및 기술 서비스업으로서 관리기관이 인정하는 산업 이상 27가지가 지식산업이라고하구요,

23. 사업시설 유지관리 서비스업
24. 보안시스템 서비스업
25. 콜센터 및 텔레마케팅 서비스업
26. 「이러닝(전자학습)산업 발전 및 이러닝 활용 촉진에 관한 법률」 제2조제3호가목에 따른 업(이 항 제7호, 제10호 또는 제3항 각 호에 따른 산업을 경영하는 입주기업체가 운영하는 경우로 한정한다)
27. 「통계법」 제22조제1항에 따라 통계청장이 고시하는 표준산업분류에 따른 그 외 기타 분류안된 전문, 과학 및 기술 서비스업으로서 관리기관이 인정하는 산업. 이 경우 관리기관의 인터넷 홈페이지에 해당 산업을 게시하여야 한다.

정보통신산업은 컴퓨터 프로그래밍, 시스템 통합및 관리업 / 소프트웨어 개발 및 공급업 / 자료처리, 호스팅 및 관련 서비스업 / 데이터베이스 및 온라인 정보제공업/ 전기 통신업 이상 5가지 입니다.

지식산업센터에 입주하시려는 분들이나 지식산업센터에서 새로 사업을 시작하시려는 분들은 부동산이나 모델하우스에 가시기 전에 한국표준산업분류에서 꼭 업종코드로 지식산업센터 입주가능여부를 직접 확인해보시면 좋을 것 같아요! 법조문을 통해 짧고 굵고 정확하게 알아본 지식산업센터의 정의! 도움이 되셨으면 좋겠습니다!

지식산업센터에는 어떤 회사들이 입주가능할까요?

이번엔 지식산업센터에는 어떤 업종들이 입주 할 수 있는지 보다 디테일하게 알아 보도록 하겠습니다! 지식산업센터에 입주가능한 업종들은 지자체나 지식산업센터마다 조금씩 차이가 있을 수 있지만 보통 오×폐수, 매연등 환경유해물질이 배출하지 않아야 하며, 소음×진동이 발생하지 않는 업종들이 입주 가능 하답니다. 어차피 지식산업, 정보통신산업에서는 위 조건들이 해당하지 않는 경우가 많으니 위 조건들은 특히 지식산업센터에 입주하려는제조업종들이 유심히 살펴봐야겠죠?

지식산업센터 입주 가능한 업체

대분류	세부 분류
제조업	• 한국표준산업분류상 제조업(10~33번) 중 대수 등의 환경 유해물질을 배출하지 아니하는 도시형공장 및 첨단업
	• OEM 제조 등록조건(4가지 필수)
	1. 생산할 제품을 직접 기획·고안, 디자인, 전문제작 등하고, 2. 자기지능으로 구입한 원자료를 제작사업체에 제공하며, 3. 그 제품을 자기 공장로 제조시키고, 4. 이를 인수하여 자기책임하에 직접 시장에 판매하는 경우, 제조업으로 분류함

앞서 언급드린 조건에 준하는 도시형공장(제조업) 및 첨단 업
종이 가능하다는 것은 당연히 비도시형 제조업은 불가능하다
는 것이구요. 특이한 점은 OEM방식의 제조업에 대한 조건인
데요, 기획부터 재료제공, 제조, 판매까지 얼마나 주도하고 있
는지에 따라 입주가능업종 인정여부도 달라지는 것을 확인할
수 있습니다.

지식산업	연구개발업 (305, 702)	물리, 화학 및 생물학 연구 개발업(70111), 농학연구개발업(70112), 의학 및 약학 연구개발업(70113), 기타 자연과학 연구개발업(70119), 전기전자 공학 연구 개발업(70121), 기타 공학연구 개발업(70129), 경제학 연구개발업(70201), 기타 인문 및 사회과학 연구개발업(70209)
	건축기술, 엔지니어링 및 관련 기술서비스업 (721)	건축설계 및 관련 서비스업(72111), 도시계획및 조경설계 서비스업(72112), 건물 및 토목 엔지니어링 서비스업(72121), 환경관련설계 및 관련 엔지니어링 서비스업(72122), 기타 엔지니어링 서비스업(72129)(제외)환경복원조업(토양, 수질, 대기서비스)(9000)
	광고업 (713) 일부	광고업 대행업(71391), (제외)광고물 작성(71310), 광고매체판매업(71392)
	영화 및 비디오제작업 (5911)	영화 및 비디오 제작업(59111), 광고 영화 및 비디오 제작업(59113), 방송 프로그램제작업(59114)
	전문 디자인업 (732)	• 인테리어 디자인업(73201), (제외)가구 및 실내설비를 판매하면서 실내설계서비스 제공(51, 52) (75994) • 제품 디자인업(73202), (제외)기계 재료, 구조물 및 시스템의 공학적인 설계 및 개발(7412)
		실내장식품업(46412), 전시시설 기획 및 행사대행
		시각 디자인업(73203)
		기타 전문 디자인업(73209), (제외)디자인하여 자기 것을 및 게임으로 제조한 의류를 자기책임으로 판매(141)
	방송사업 신규 입주 허용 업종	출판업(58111, 58112, 58119, 58190), (제외) 악보형 음악적인 출판활동(5920), 지도 및 제도 제작(72924)
		애니메이션 영화 및 비디오 제작업(5912)
		품질검사, 기타 기술시험, 검사 및 분석업(7291), 7291등
		요청 및 통번역업(75994), (제외) 공수적 론문텍 화일X상활동(32992)
		직원훈련기관(8564등)
		경영컨설팅업(71531), (예시) 일반 경영자문, 전략기획 자문, 특정부문 경영자문 시장관리 자문, 생산관리 자문, 파인관리 자문 인력관리 자문 등 • 산업단지내에는 현재 공포 사항임

다음은 지식산업 업종에 관한 내용인데요, 저번 포스팅에서 지식산업업종에는 크게 27가지로 분류된다고 말씀드렸죠? 위 표에는 좀 더 세부적으로 적혀있습니다만, 이마저도 입주가능한 모든 지식산업업종을다루고 있는 것은 아니랍니다. 위에서부터 살짝 살펴보면 다양한 연구개발업들이 있죠? 실제로 상담을 하다보면 산업단지 내에서 공장을 가동하는 기업들중에는 단독적으로 제품 연구실을 운영하거나 필요로하는 경우가 생각보다 제법 많이 있구요, 단순히 제품이나 성분에 관한 연구 뿐만아니라 경제학이나 인문한, 사회과학에 관한 연구업도 가능하다는 사실! 그리고 지식산업센터의 단골 입주업종인 시각디자인업도 전문디자인업에 있네요! 영화, 광고, 애니메이션 등 비디오 제작업도 입주가능 한데, 요즘 유튜브나 영상미디어 산업이 활발해지면서 방송영상장비를 갖춘 스튜디오들의 수요도점점 늘어나겠죠? 아래 쪽에는 경영컨설팅업을 포함해 각종 자문업까지도 지식산업센터에 입주할 수 있다고 하니 입주가능업종이 정말 다양합니다.

		온라인 및 모바일 게임 소프트웨어 개발 및 제작업(58211)
정보통신산업	소프트웨어 개발 및 공급업 (582)	기타 게임 소프트웨어 개발 및 제작업(58219)
		시스템 소프트웨어 개발 및 제작업(58221)
		응용 소프트웨어 개발 및 제작업(58222)
		컴퓨터시스템 통합자문 및 구축서비스업(6202)
	자료처리업 (631)	자료처리업(63111), 호스팅 및 관련서비스업(63112)
	데이터베이스 및 온라인 정보제공업 (6391)	데이터베이스 및 1 온라인 정보제공업(63991) (예시) 온라인 음악정보 제공 온라인 정보제공(IP) 자동음달선제 정보제공
		(제외)전화번호부, 사전 연감, 기업목록 등의 출판(2210), 방역에 의하여 데이터베이스 설계 및 작성(72209), 온라인상의 광고물 작성제한(4199), 온라인상의 홍보활동(6121)
	기타 컴퓨터 운영관련업 (620)	기타 컴퓨터 운영 관련업(62093) (예시) 컴퓨터 설계복구 , (제외)컴퓨터 게임방
	전기통신업 (612)	유선전화 및 기타 유선통신업(61210), 무선전화업(61220), 통신재판업(61291), 그외 기타전기통신업

다음은 정보통신산업인데요, 흔히 개발로 알려져있는 소프
트웨어 개발및 공급업도 확인할 수 있구요, 자료처리업이라는
게 있는데, 자료스캐닝이라든지 매체간 자료 전환을 서비스하
는 산업을 말한답니다. 기타 컴퓨터 운영 관련업에서 당연히
컴퓨터게임방은 해당이 안되겠죠? 여기서 잠깐 언급드리자면
지식산업센터에는 건축, 도소매, 무역의 유통, 기타 소비자를
대상으로 하는 소매업도 입주가 불가능 하답니다. 온라인으로
PC를 조립 및 유통하는 수많은 회사들이 가산디지털단지와 구
로디지털단지의 지식산업센터에는입주해 있지만, 삼성디지털
프라자나, LG전자베스트샵은 지식산업센터가 아닌 지식산업
센터 내 상업시설에 입점할 수 밖에없는 이유랍니다.

흔들리는 시장 속에서
지식산업센터 보였던거야

-서울편-

　전국적으로, 특히 서울과 수도권에 정말 수없이 많은 지식산업센터들이 있죠? 위 지도는 수도권의 주요 지식산업센터들을 권역별로 표시해 본 지도인데요, 워낙 많은 지식산업센터들이 여기저기 산재하다보니 모든 지산을 다 포함하지 못 했을 수 있습니다만, 대부분의 지식산업센터 권역별 위치가 이렇게된다는 정도로 이해해 주시면 감사하겠습니다. 서울을 중심으로 서울/동부권/남부권/서부권으로 나눠서 각 권역별 특징을 간략히 다뤄보려고 합니다.

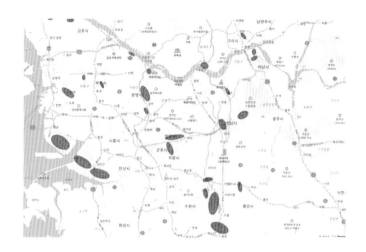

먼저 서울에 대해 얘기해 보도록하겠습니다. 물론 서울을 뭉뚱그려 하나로 말하기에는 너무 많은 세부권역과 너무 많은 지산들이존재하고 있습니다. 하지만 조금만 면밀히 살펴보면 서울 지산들의 특징들은 비슷한 면이 많은데요,

1. 역세권 지산이 많다.

2. 역세권과 비역세권의 차이가 심하다.

3. 전체적으로 가격이 비싸다.

4. 타지역 대비 수익률이 낮다.

5. 회전률이 높다.

서울은 기본적으로 지하철이 다 갖춰진 상태에서 기존의 공장지대를 아파트형공장, 지식산업센터로 재개발(?)한 경우들이 많기 때문에 역세권 지식산업센터들이 많을 수 밖에 없습니다. 물론 아닌 곳들도 더러 있기는 하지만 그래도 대부분은 역에서 1km 내에 위치하고 있죠. 서울은 역과 연결된 지산도 있고, 역에서 1km 떨어진 지산도 있고, 그 사이에 수없이 많은 지산들이 존재하기 때문에 당연히 임대료나 매매가의 차이도 심할 수 밖에 없습니다. 이해를 돕기 위해 예를 한번 들어보도록 하겠습니다.

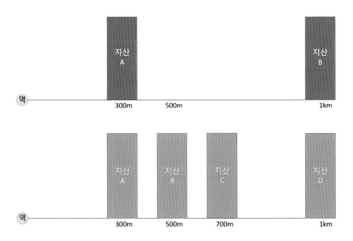

어떤 지역에 지산이 역에서 300M 떨어진 곳에 하나 역에서

1km 떨어진 곳에 하나, 1km 반경 내에 딱 2개만있는 것과 역 바로 앞에도 하나 역에서 300M 거리에도 하나, 역에서 500M 거리에는 둘, 역에서 700M 거리에 하나, 역에서 1km 거리에 도 하나, 1km 반경 내에 6개가존재하는 것. 물론 수요의 차이 가 있을 수 있겠지만, 수요가 동일하다고 가정한다면, 어느 쪽 의 차이가 더 심할까요?

서울도 지식산업센터가 평당 400만원이던 시절이 있었죠. 가산디지털단지에 지산이 처음 들어서던 시절이니까 한 20년 전쯤 되려나요? 지금 구로/가산에 분양하는 지식산업센터의 분양가나 거래되는 매매가를 보면 많게는 3배 적게는 2배까 이 올랐습니다. (2배가 안 되는 지산들도 있습니다만…) 개수가 워낙 많은 구로/가산은 차치하더라도 성수, 가양, 문정, 영등포 지역의 분양가는 기본적으로 평당 1000만원은 우습고, 이제는 평당 1400만원을 돌파했죠. 서울인데다가 보통 역세권 내인데 가격이 비싼 게 당연하겠죠? 뭐,,, 요즘은1km도 역세권이라고 하는 경우들도 있습니다만…ㅎㅎ)

그럼 이번에는 수익률을 한번 짚어보도록 하겠습니다. 분양 가/매매가가 오른만큼 임대료도 올랐다면 더 이상 말이 필요

없겠죠? 그럼 어떻게든 당연히 서울에 있는 지산을 사야합니다. 하지만 현실은 그렇지가 않죠. 가격은 2배, 3배가올랐는데, 임대료는 차마 그 속도를 따라가지 못하죠. (물론 위치와 연식에 따라 상대적이긴 합니다만…) 지식산업센터 열풍이 불어 서울과 수도권 전역에 지산 공급이 활발해진 2015년 이후 지산의 분양가는 급등했습니다.

2005년 가산 우림 라이온스 밸리의 분양가는 평당 400만원 수준 2015년 그 맞은편에 들어선가산 SK V1의 분양가는 평당 750만원 수준 2020년 올해 양지사 자리에 대우가 시공하는 지산의 분양예정가는1150만원 수준 2005년 구로 지산의 분양가는 평당 470만원 수준 2010년 구로 지산의 분양가는 평당 600만원 수준 2013년 구로 지산의 분양가는 평당 700만원 수준 구로디지털단지에는 사실 더 지어질 만한 곳이 없는 관계로 2020년의 매매가를 살펴보면 연식과 위치에 따라 평당 800~1500만원 사이 평균적으로 평당 1100~1200만원 수준 이제는 좀 보이시나요? 가격상승에 가속이 붙은 모습이? 처음 10년간 겨우 평당 250만원가량 상승했었는데, 이후 5년간은 지난 10년간의상승폭보다 아주 훨씬 더 많이 올라갔네요. 임대료도 딱 이 만큼만 올라주면 좋으련만…. 그 이후에도 이 속도 대로만 매가가 형성된다면 좋으련만….

　서울의 지산들은 수익률이 이미 점점 하락하고 있다는 것은 어쩔 수 없는 현실입니다. 다행히도 서울 지산들은 회전률이 좋죠. 임차인도 금방 차고, 매수인도 제법 잘 나타납니다. 하지만 그게 꼭 좋다는 의미는 아닙니다. 대신 그만큼 경쟁자들이 많거든요. 가격이든, 위치든, 시설이든 조금만 맘에 들지 않으면 다른 데 가버립니다. 그게 가산, 구로 등 연식이 오래된 지산에 인테리어 또는 리모델링을 해 주는 이유이기도 하구요.

　오늘은 현재 서울 지산의 특징에 대해서 가볍게 훑어보았는데요, 도움이 좀 되셨나요? 서울에 투자하지 말라는 이야기가 아닙니다. 성수, 영등포, 가양 등 이미 진입장벽이 높아진 지산들은 그 나름대로 자산가치가 애초에 높고, 그 외의 서울의 지산들도 수도권에 비해 실패의 확률이 상대적으로 낮은 건 당연한 이치입니다. High Risk, High Return. Low Risk, Low Return. 다만 이러한 특징들을 감안해 서울 내에서도 더 적게 들이고 수익이 더 많이 나는 그런 분양권, 매물들을 GET한다면 더할 나위 없겠죠? 그래서 바로 이 '아투연'이 존재한다는 사실 !!

바야흐로
지식산업센터의 시대!
-수도권편-

■전국 지식산업센터 승인 현황

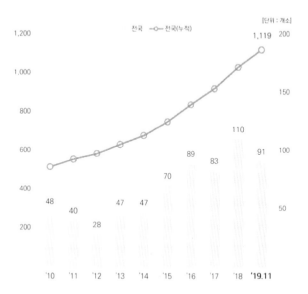

전국 　－○－전국(누적)

[단위 : 개소]

'10	'11	'12	'13	'14	'15	'16	'17	'18	'19.11
48	40	28	47	47	70	89	83	110	91

1,119

이번에는 수도권의 지산들에 대해 한 번 훑어볼까요? 서울 지식산업센터들보다 분포범위도 훠어어얼씬 넓을뿐더러 지역마다 시장상황도 다르고, 컨셉도 다르고, 각양각색이라 '보편적'으로 이야기하는 게 서울보다도 더 어려운 듯 합니다만, 그냥 또 제 나름대로의 생각을 쭉 써보도록 하겠습니다.

수도권 주요 지식산업센터 권역 위치

- 동부권역: 미사, 다산 등등

- 남부권역: 성남, 안양, 수원, 동탄 등등

- 서부권역: 시흥, 부천, 인천, 김포 등등

서울을 기준으로 해서 제 임의대로 동부권 / 남부권 / 서부권으로 권역을 설정해 보았습니다. 전국에 현재 분양중이거나 앞으로 분양예정인 지식산업센터까지 대략 1200개 정도의 지식산업센터들이 있는데, 제가 모든 지역을 속속들이 알 수도 없을뿐더러, 어떤 지역에 지식산업센터가 달랑 하나 들어오는 것까지 모두 언급하기는 힘들어 위 몇 개 지역으로 나누었다는 점 이해해 주시면 감사하겠습니다.

1. 동부권역

하남 미사, 구리 별내, 남양주 다산 등 다양한 신도시들이 현재 한창 개발중인 지역이죠. 이 지역들은 서울 접근성이 제법 좋은 편이라 집값도 많이 올랐고, 인구도 많이 늘고 있는데요. 아파트와 지식산업센터는 비슷하면서도 조금 다른 포인트가 있습니다. "기업수요" 근교에 기업이 얼마나 존재하는지 여부가 아파트에 미치는 영향은 생각보다 적은 반면, 지식산업센터에 미치는 영향은 생각 이상으로 크다는 점입니다. 좀 더 쉽게 이야기하면 아파트는 서울 옆에 기생하는 것이 가능하지만, 지식산업센터는 서울 옆에 기생하는 것이 어렵다는 말입니다.

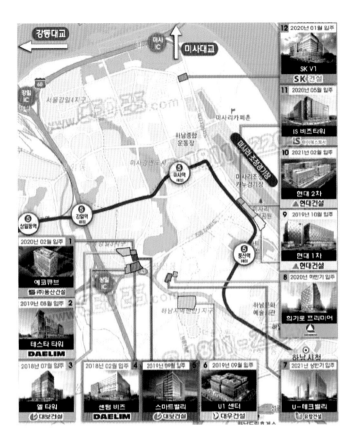

동부권 최대 신도시라고 할 수 있는 하남 미사 강변신도시의 경우, 총 면적이 약 170만평인데 지식산업센터가 들어갈 수 있는 자족시설용지의 비율은 8.4%, 약 14만평으로 상당히 높은 편입니다. 이 말인즉슨 애초에 기업인프라들이 별로 갖춰지지

않았다는 의미가 되기도 하죠. 분당과 일산의 차이가 세월이 지날수록 대비되면서 2기 신도시부터는 정부도, 지자체도 이 '자족'기능을 최대한 살리는 것이 최대의 화두입니다. 자족능력 강화를 위해 기업을 유치할 부지, 자족시설용지가 들어가는데 도시의 경제인구, 배후의 산업단지들과 밀접한 관련이 있습니다.

미사의 경우 자족시설용지의 비율이 8%를 넘어가는데, 이 정도 비율의 땅을 기업들이 들어와서 채워줘야 이 도시의 생산경제, 소비경제 모두 원활하게 돌아갈 수 있다는 얘기죠. 미사와 다산으로 대변되는 서울 동부권은 현재 새로 시작하는 지식산업센터의 분양가가 직전에 분양했거나 이미 입주를 시작한 지식산업센터의 분양가와 거의 비슷하거나 혹은 못 미치는 수준에 이르고 있습니다.

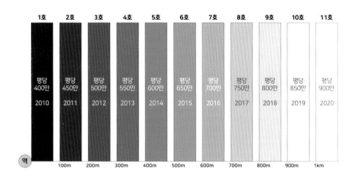

분명 제가 이전 〈지산 메커니즘 part1〉 포스팅에서 나중에 분양하는 지식산업센터들이 왜 더 비쌀 수 밖에 없는지에 대해 설명을 드렸었죠~ 물론 동부권역도 이 메커니즘대로 작동하던 시기가 있었습니다만, 그럼에도 불구하고 현재 이런 상황이 초래된 것은 지산의 공급이 수요를 앞지르는 시점이 되었기 때문입니다. 수요가 부족하기 때문에 입주가 늦게 시작될수록 공실이 늘어날 수 밖에 없죠.

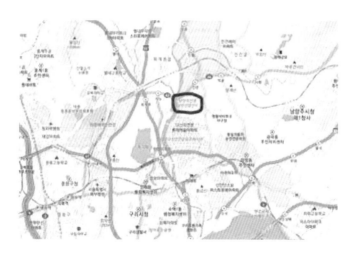

처음에 제가 이 지역은 '기업인프라'가 상대적으로 빈약하다는 말씀을 드렸었는데요, 하남 미사, 남양주 다산, 구리 별내를 다 해서 산업단지라고 할만한 곳은 진관산업단지라는 작은 산

업단지 뿐입니다. 크던 작던 여러 기업들이 이미 주변 산업단지에 자리를 잡고 있으면 도심 인프라를 누리기 위한 기업수요들이 존재하기 마련입니다. 기업의 오너라면 생산과 사무를 분리해서 번듯한 사무실 하나 마련하고픈 염원과 갈망이 마음 한 켠에는 대부분은 자리하고 있습니다. 미사, 다산, 별내의 상황은 조금 다릅니다. 저 넓은 자족시설용지를 회사들로 채우려면 이 지역의 기업들만으로는 많이 부족해서 서울에 있는 기업들이 넘어와줘야 하는데, 이게 또 말처럼 쉬운 게 아닙니다. 일단 서울에 있는 기업들은 서울에 있어야 할 이유가 있기 때문에 이미 서울에 자리를 잡고 있는건데, 세제혜택이 가장 큰 법인세 혜택을 받으려고 해도 조건이 생각보다 많이 까다로운 게 현실입니다. 서울 기업들의 수도권 지식산업센터 이전 수요는 어쩔 수 없이 한계가 있다는 이야기입니다.

그래서 동부권의 지산들은 좀 더 차별화된 무기를 갖추려고 노력중입니다. 더 크게, 더 다양하게, 더 아름답게 만들려고 합니다. 지식산업센터를 초대형으로 짓는다던가, 여러 동을 콤플렉스 형식으로 짓는다던가, 아름다운 조망권을 확보한다던가, 대형 복합 쇼핑몰을 자체적으로 갖춘다던가, 대형 복합 쇼핑몰

인근에 만든다던가, 드라이브인 시스템을 크게 갖춘다던가, 하는 식으로 말이죠.

이런 상황에서는 각 지산의 옥석을 가리는 것은 물론, 지산 내의 호실별로 옥석을 가리는 게 분명 필요합니다. 그래서 발품, 임장이 중요할 수 밖에 없는 것이고, 이렇게 옥석을 가리게 되면 동부권에도 투자가치가 여전히 높은 분양 또는 전매 매물 등 매력적인 '옥'들이 아직 많이 보이실 겁니다. 특히 지금 당장은 저렴하게 나온 그냥 '석'들이 나중에는 '옥'이 될 수도 있다는 거죠.

2. 남부권역

아마 수도권 지식산업센터들이 상당수가 이 지역에 몰려있을 겁니다. 전통적인(?) 공업지역이자, 1기 신도시들이 대거 포진하고 있고 대한민국 산업 사회의 선봉장이기도 한 지역이죠. 성남 분당, 판교, 수원 영통, 기흥, 화성 동탄, 안양 평촌, 광명 등등 굵직한 대기업들도 있고, 규모는 작지만 배후에 여러 산업단지들도 갖추고 있습니다. 특히 수원과 화성은 글로벌 기업인 삼성의 본거지와도 같은 곳입니다. 중화학 공업부터 최근에는 삼성전자를 중심으로 4차 첨단산업도 점차 세가 확장되고 있기도 하구요.

예전의 아파트형 공장도 이미 제법 많이 있고, 이미 입주가 끝난 지식산업센터도 상당히 많은 지역인데, 이 지역은 소위 말하는 '삼성빨' 또는 '대기업빨'이 굉장히 강하게 작용하는 곳입니다. 비단 지식산업센터 뿐만 아니고 거의 모든 부동산 투자가 '삼성'을 언급하고 있는 게 현실이죠. 물론 삼성이 차지하는 비중이 큰 지역인 것은 맞지만 그렇다고 해서 투자의 기본적인 논리마저 모조리 뒤엎을만큼 우선수위가 될 수 없다는 것은 꼭 인지하시면 좋을 내용입니다.

삼성이라는 거대기업의 공장와 연구소는 사실 투자의 여러 고려사항 중 하나인 '수요', 그것도 정확하게는 '간접수요'에 지나지 않는다는 점입니다. 가뜩이나 삼성과 같은 대기업들은 사옥이나 공장을 따로 짓지 굳이 지식산업센터에 입주하지 않는 경우가 대부분이죠. (이건 제 피셜은 아니고 삼성에 근무하시는 어떤 직원으로부터 들은 사담이고 수치데이터에 과장이 있을 가능성이 높긴 하지만, 예를 들자면 삼성공장이 연면적이 3만평인데, 상시 출근인원은 1000여 명이라고 하시더군요. 반도체나 전자의 경우 자동화가 점점 더 많이 진행되고 있고, 인력은 점점 더 줄어들고 있으며, 일반 사람들이 상상하는 것만큼 주변에 드라마틱한 파급효과를 미치는 것은 아니라고 합니다.)

그런데 주변의 대기업의 공장, 연구소 또는 그런 시설이 입점할 부지 인근에 입주하게 될 지식산업센터의 경우, 간혹 아니, 거의 대부분 이 부분을 굉장히 강조할 수 밖에 없습니다. "협력업체가 몇 백 개이고, 이제 그 업체들 중 상당수가 이곳에 입주하게 된다." 앞서 삼성 같은 대기업은 직접수요가 아닌 간접수요라고 말씀드렸는데요, 그럼 과연 그 협력업체, 소위 말하는 벤더업체들은 얼마나 따라올까요? 원래 그 지역 내부 또는 근처에 있었던 벤더업체들은 당연히 따라서 주변 지산으로 입주할 가능성이 높겠죠?

그런데 원래 서울에 있던 벤더업체들은 어떨까요? 앞서도 말씀드렸지만, 현재 서울의 기업이 수도권으로 이전하기는 쉽지가 않습니다. 벤더업체들의 거래기업들이 어떤 대기업 딱 하나인 경우도 사실 드물죠. 거기다 직원수급도 원활하고, 대중교통도 잘 되어 있고, 출퇴근에도 아무래도 서울이 더 용이한 부분들이 많죠.

　일례로 어떤 지역에는 지식산업센터가 다닥다닥 6개 정도가 불과 1~2년 사이에 입주를 시작했는데, 당시에 모든 지산들은 대기업 전산센터 2개, 공기업 2개 정도가 들어오는 것을 굉장히 강조했습니다. 왜냐하면 거기에 관련된 협력업체만 무려 900개가 넘었기 때문이죠. 이 협력업체들이 상당수 이전할 것이니 투자가치가 매우 높다고 했습니다만, 결과는 처참했습니다. 협렵업체의 수만 조사를 하고, 그 협력업체들이 어디에 본점을 두고 있는지, 어떤 영역에서 어떤 사업을 하고 있는지에 대한 조금만 더 면밀한 조사가 있었더라면, 그리고 시행사/대행사가 광고마케팅, 브리핑, 상담의 방향만 조금 수정했더라도 투자에 대한 리스크를 줄일 수 있었겠죠? 그러니 여러분들께서도 '협력업체'의 숫자에 마냥 현혹되지 마시고, 좀 더 자세히 살펴보시기 바랍니다~

　동탄 지역의 경우 2년전 분양가보다 오히려 분양가가 좀 하락한 경향이 보입니다. 〈지산 메커니즘〉이 정상적으로 작동하지 않고 있다는 이야기입니다. 좀 더 솔직하게 말씀드릴까요? 너무 많이 짓는다 싶었습니다…. 거기다 동탄의 자족시설용지

비율은 미사보다도 높아 10%를 넘어가거든요.. 수원, 용인 지역에도 교통여건이 우수한 입지의 지식산업센터들 크진 않지만 그래도 산업단지와 인접한 지식산업센터들이 있습니다. 시장상황이 어떻든, 주변 여건이 어떻든, 될 곳은 되고, 좋은 호실은 있기 마련입니다.

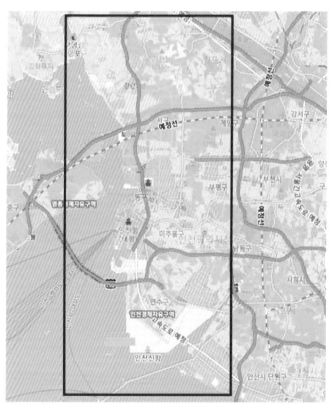

3. 서부권역

수도권 서부라고 하면 인천, 부천, 시흥, 김포 정도가 있겠죠? 파주에도 지식산업센터가 지어지기 시작하는 것 같구요. 이 지역은 주거 영역에서도 그랬지만 전통적으로 부동산시장에서 각광받는 곳은 아니었습니다 근래 들어서야 빛이 좀 들어오기 시작했고, 며칠 전에는 대대적으로 투기과열지역 또는 조정지역으로 묶이게 되었죠. 그런데 그동안 주택시장에서 외면 아닌 외면을 받아온 덕분에 이 지역의 기업수요는 생각보다 많이 탄탄한 편입니다. 서울 남부권에 아파트를 계속 때려 짓다 보니 이 지역의 땅들은 공장들이 채우게 되었거든요. 실제로 무역통로로 활용되는 인천항과의 거리도 가깝고, 서울과의 물류교통접근성도 크게 나무랄 데가 없죠.

다만 시흥 인천 부천 김포에 걸친 서부의 공단라인 내의 공장들은 규모가 제법 큰 경우가 많습니다. 공장에 주차장, 창고 등을 이미 충분히 갖추고 있는 경우들이 많아 서울이나 동부/남부권역 지산들과는 조금 다른 접근이 필요합니다. 게다가 서부 공단라인은 다른 지역들에 비하면 상대적으로 교통접근성이나 떨어져 각 공장들이 고립(?)되어 있는 게 사실이죠. 따라서 서

부권역 지식산업센터에 실입주 또는 투자를 고려하신다면 위
두 지역과는 반대로 교통인프라 접근성, 나아가 상업인프라 접
근성까지 살펴보시면 좋을 듯 합니다.

주요 지산권역					서울 수도권	지방	합계
구로	금천	성동	영등포	계			
9	71	50	15	145	**91**	18	254
0.8%	6.3%	4.5%	1.3%	12.96%	**8.13%**	1.61%	22.7%

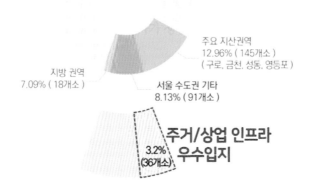

비대상
77.30%
(865개소)

주요 지산권역
12.96% (145개소)
(구로, 금천, 성동, 영등포)

지방 권역
7.09% (18개소)

서울 수도권 기타
8.13% (91개소)

주거/상업 인프라
우수입지
3.2%
(36개소)

왜냐구요? 이 지역의 공장들은 대부분 공장에서 생산라인을
가동하고, 물류를 창고에 보관하고, 인천항을 통해 수출입을
하는 입장인데, 교통이 불편한 산업단지 내에서 고립되어 있다

보니 밥 한끼는 물론이고, 회식이나 비즈니스 미팅을 하기도 어려운 경우가 상당히 많습니다. 그래서 성남과 문정처럼 생산파트와 운영파트를 나누려는 수요들도 많죠. 생산은 산단 내 공장에서 그대로 가동하고 경영, 지원, 총무 등 운영은 교통/상업 인프라가 우수한 도심지 근처에서 하려는 움직임들이 보이죠. (물론 거기에 주거인프라까지 있다면 인력수급도 훨씬 원활할 수 있겠죠?)

그러나 교통/상업인프라를 갖춘 지식산업센터가 많지 않다는 게 학계의 정설! (그 이유에 대해서는 다음 편 〈지식산업센터 메커니즘 part2〉를 기대해주세요!) 그런 지산들만 있다면 얼마든지 움직일 준비가 되어 있는데, 그런 지산이 많지 않으니 준비된 기업 수요들이 움직이지 않는 것이고, 인프라가 충분하지 않는 지산에는 공실이 늘어나는 것이고, 그러니 저평가되어 있는 이유가 되기도 하죠. 인프라가 충분한 입지의 지산이라면, 입주의향이나 투자가치도 높다는 사실 "지을 수 있는 곳이라고 막 지어대지 말고, 우리가 가려운 곳을 좀 긁어줘. 인프라 충분한 곳이면 우리는 입주할거야!"

앞서 동부/남부권역은 기업 인프라에 비해 지식산업센터

의 과잉공급이 문제였다면 서부권역은 교통/상업인프라를 갖춘 지식산업센터의 공급부족이 문제가 되는 거죠. 그러니 서부권역 지식산업센터는 '인프라'를 중점적으로 살펴보시면 아마도 안정적인 사업운영이나 임대수익이 가능한 지식산업센터들을 찾아내실 수 있으실 겁니다. 예를 들자면 김포 구래지구 같은....??^^

다른 현장에 있는 사람으로서 너무 주관적으로 너무 많은 이야기를 한 것은 아닌지 조금 염려스럽긴 합니다만, 여러분들께서는 조금 더 객관적인 시선으로 바라보시면 좋을 것 같다는 생각에 몇 자 적어보았구요, 아투연과 친구업체들을 통해 보다 정확한 정보를 알아보시고 직접 눈으로 확인해보시면 좋겠습니다.

알아두면 쓸모있는
지식산업센터 매커니즘
-1편-

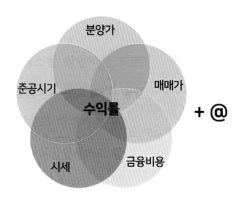

지식산업센터 뿐만 아니라 다른 수익형 부동산들도 마찬가

지겠지만, 수익형 부동산은 궁극적으로 수익률이 가장 중요한

게 당연하겠죠? 그리고 이 수익률에는 무수히 많은 요인들이 영향을 미치죠. 분양가, 매매가, 융자비율, 이자, 임대시세, 준공시기 등등

부동산 수익률은 대부분 비슷한 구조와 원리로 작동합니다. 하지만 지식산업센터는 조금 다른 부분이 있는데요, 아무데나 지을 수 없는 만큼 공급의 한계도 있고, 기업들의 수요도 어느 정도 예측가능한 수준의 한계가 있기 때문이죠. 이런 이유로 지식산업센터의 수익률에는 복잡해 보이면서도 실상은 단순한 지식산업센터 메커니즘이 숨어 있는데요. 오늘은 한번 제 나름대로 최대한 가볍고 간단하게 풀어가 볼까 합니다.

어차피 우리나라 정도 되는 경제규모에서는 전체 경제 규모가 커지기는 힘듭니다. 신규 기업이 생기는만큼 사라지는 기업들도 많고, 경제성장 자체도 거의 정체 수준이기 때문입니다. 포화할대로 포화하고 성장동력이 많이 떨어진 서울을 생각해 보면, 구로든 가산이든 가양이든 성수든 영등포든 서울 내 지식산업센터에 들어올 기업의 전체 수요 역시 어느 정도 한정되어 있고 예상 가능한 수준이지 폭발적으로 늘어날 수 없다는 이야기입니다. 오늘도 한번 예시로 풀어보도록 하겠습니다.

\<A지역>

-기업체 최대 10,000개 존재 가능 (외부 이슈는 없는 것으로 가정)
-역에서부터 1년, 100m 간격으로 지식산업센터 준공될 예정
-지산1호: 평당 400만원 분양

100m 200m 300m 400m 500m 600m 700m 800m 900m 1km

최대 10,000개의 회사가 존재할 수 있고 지하철 역도 있는 A 지역에 1,000개 호실 규모의 지식산업센터가 10년동안 1년간격으로, 역부터 100m 간격으로 순차적으로 생겨날 예정입니다. 10,000개의 회사들은 현재 일반 공장이나 섹션오피스빌딩이나 상가, 프라자, 오피스텔 등등 뭐 지역내 어디에선가는 일을 하고 있는 상황이라고 가정하겠습니다. 일단 10호 지산까지는 공실 걱정은 없겠죠?

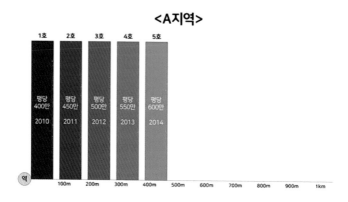

\<A지역\>

1호	2호	3호	4호	5호
평당 400만	평당 450만	평당 500만	평당 550만	평당 600만
2010	2011	2012	2013	2014

하지만 문제는 1년에 한 개씩 지어진다는 점에 있습니다. 1호 지산과 2호, 3호, 마지막 10호지산은 분양가가 다르기 때문입니다. 땅값, 설계비용, 시공비용, 인건비용, 자재비용은 해가 거듭할수록 상승하는게 당연합니다. 간혹 "왜 옆에 껀 싼데 이건 이렇게 비싸?" 라고 말씀하시는 투자자분들이 계시는데, 그런 경우는 보통 준공시기가 1~2년 이상 차이가 난다는 게 함정이죠. 같은 지역에 비슷한 규모의 건물이라면 특별한 변수가 없는 한, 늦게 지어질수록 분양가가 오르는 건 자연스러운 현상입니다.

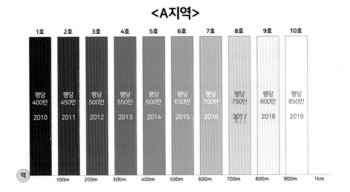

<**A지역**>

| 1호 | 2호 | 3호 | 4호 | 5호 | 6호 | 7호 | 8호 | 9호 | 10호 |

평당 400만 / 2010
평당 450만 / 2011
평당 500만 / 2012
평당 550만 / 2013
평당 600만 / 2014
평당 650만 / 2015
평당 700만 / 2016
평당 750만 / 2017
평당 800만 / 2018
평당 850만 / 2019

역 100m 200m 300m 400m 500m 600m 700m 800m 900m 1km

  하지만 그렇다고 해서 임대료가 분양가 상승분만큼 오르지는 않습니다. 2호, 3호, 10호의 지산에 들어가는 회사들도 1호 지산에 들어간 1000개의회사가 내는 만큼만, 최대한 비슷한 수준에서 내려고 하기 때문이죠. 게다가 새로 지어지는 지산일수록 역에서 멀어진다는 단점이 점점 더 부각될 수 밖에 없습니다. 따라서 새 건물, 최신시설이고, 분양가도 더 비쌌기 때문에 임대료를 더 받으려고 해도 임차기업들은 "응, 그건 당신 사정이고~" 정도로 밖에 생각하지 않으며, 위 요인들이 임대료를 상승시킬 수 있는 요인으로는 생각보다 약하게 작용한다는 겁니다.

  임대료 상승률을 분양가상승률만큼 책정하게 되면 지금 일하고 있는 공장이든 빌딩이든 상가든 오피스텔이든 원래 있던 그 어디에선가에서 그냥 계속 일을 하려고 할테니까요. 들어올 임차기업이 충분히 감내할 만한 수준에서 임대료가 형성될 수 밖에 없죠. 예상임대료를 추론할 때, 분양가가 아닌 주변의 임대료 시세가 척도가 된다는 점을 생각해보시면 좋겠네요. 이렇게 해서 1호에서 10호로가면 갈수록 수익률은 차이가 나기 시작합니다.

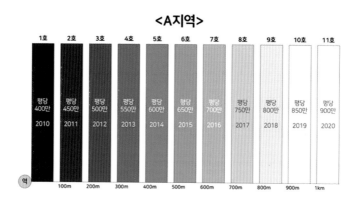

자, 그런데 10호를넘어서 11호, 12호 지산이 들어온다고 하면 어떨까요? 11호, 12호지산은 역에서 1km, 1.1km 떨어져 있을 겁니다. 하지만 분양가는 이미 많이 높아진 상태겠죠? A지역은 이미 10000개기업이 10개 지산에 입주해 있기 때문에 이론상으로는 11호, 12호지산에 들어갈 기업이 없게 됩니다.

그 사이에 1~10호 지산들의 매매가는 준공시기에 따라 차이는 생기겠지만, 11, 12호 지산의 분양가를 충분히 따라가면서 상승하고 있을거구요. 물론 그 중에는 새 건물, 최신시설로 이전하려는 기업 수요도 존재합니다.

그렇다고 해도 역에서 더 멀리 떨어져 있는 11, 12호 지산에 과연 원래 내던 임대료보다 더 내면서 입주하려는 기업들이 얼마나 많이 있을까요? 혹은 원래 내던만큼 내는데 역에서 1km 이상 멀어질 의향이 얼마나 있을까요?

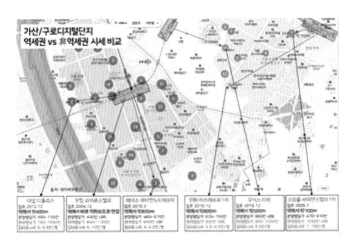

11호부터는 입주기업을 유치하는데 점점 어려움을 겪게 됩니다. (A지역은 현재 최대 10,000개기업만이 존재한다고 가정

했기 때문에) 기약없이 10,000개 기업 이외에 외부에서의 기업 유입을기다리거나 새로운 역이 생긴다는 등의 개발 이슈가 생기거나 새 건물, 최신시설을 선호하는 기업의 기호에 의존할 수 밖에없게 되겠죠. 이 부분이 서울에 수많은 지산들이 매매가, 분양가, 임대료, 수익률이 제 각각이며 차이도 심한 가장 큰 이유 중 하나이며, 서울 지식산업센터들의 평균 수익률이 점점 하락하고 있는 이유이기도 합니다.

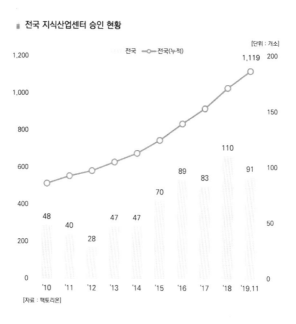

■ 전국 지식산업센터 승인 현황

지금 말씀드린 지식산업센터 메커니즘은 비단 서울에서만

통용되는 것은 아닙니다. 전국적으로 지식산업센터가 우후죽순 들어서고 있는 지금, 옥석을 가리기 위해 한번쯤 생각해봐야 할 것 같구요. 또한 제가 여러 변수를 통제하고자 여러 가정과 가상의 지역을 설정하긴 했습니다만, 당연히 실제에서는 훨씬 많은 변수들이 작용을 한다는 사실! 꼭 기억하시구요!! 지식산업센터에 투자를 하든 실입주를 하든 그 지역에 대해 조금 더 면밀하게 살펴보실 때 이 지식산업센터 메커니즘을 상기해 보시면 좋을 듯 합니다.

알아두면 쓸모있는
지식산업센터 매커니즘
-2편-

주거트렌드 변화를 통해 또 하나의 지식산업센터 메커니즘
에 대해 얘기해볼까 합니다. 부동산도 '재화'의 한 가지인지라

시대를 따라 그 형태와 가치가 변화해 간다는 사실은 여러분들도 익히 알고 계시죠?

주택, 그 중에서도 '아파트'를 예를 들자면 위와 같은거죠. 아파트가 수요자의 니즈를 따라 끊임없이 진화해가고 있다는 겁니다. 물론 전통적으로 중요시하게 고려되는 요소들은 크게 변하지는 않습니다만, 애석하게도 '땅'이라는 것은 더 늘릴 수가 없는, 공급이 매우매우 한정적인 재화이므로 제가 전에 '지식산업센터 메커니즘 1편'에서 말씀드렸던 그 메커니즘이 아파트에서도 기본적으로 똑같이 작동하게 됩니다.

그런 아파트들은 지금도 고가에 거래가 되고 대한민국 주택시장을 견인하고 있죠. 하지만 그 이후에 2000년대 2010년대를 지나 2020년대에 접어들면서 역세권에 지을 수 있는 아파트들이 그때보다 과연 더 많을 수 있을까요? 재건축이 아니면 역에서는 거리가 있을 수 밖에 없는게 요즘 대부분 아파트들의 현실입니다. 특히 서울이나 오래된 1기 신도시들의 상황이 훨씬 더 심각하죠. 이렇게 해서 역에서는 더 먼데도 아파트의 분양가는 점점 더 비싸지는 상황이 생깁니다.

자, 그럼 이렇게 어쩔 수 없이 상대적으로 입지가 떨어지는 아파트는 상쇄할 수 있는 무언가가 필요하게 됩니다. 다행히도 지난 수십년간 우리나라 경제는 비약적으로 발전했고, 소비자들의 경제적 수준 또한 선진국 대열에 들어섰습니다. 당연히 요구사항이 점점 많아지게 되겠죠? 이제는 단순 '입지'만으로는 소비자의 니즈를 충족하기 어려워지게 되었습니다.

그래서 초고층 주상복합이 나타났고, (입지가 좀 떨어져도 조망과 편의성을 확보) 스머프 빌리지 같은 타운하우스들이 나타났으며, 단지 내에 헬스장, 도서관, 수영장, 골프장이 생겼고, 사우나도 생겼고, 무인택배함과 스쿨버스존이 생겼고, 게스트하우스, 카페테리아가 생겼고, 조식서비스가 생겨났죠. 앞으로 또 얼마나 편리하고 참신한 아파트 서비스가 생길지는 모르겠습니다만, 아파트의 공급과 수요는 서로에게 이렇게 끊임없이 타협을 해왔습니다.

- 공급자: 입지는 내가 어떻게 바꿀 수 있는 게 아니지만, 난 이 정도 퀄리티의 서비스를 제공할 용의가 있어. 멀리 나가지 않아도 왠만한 건 단지 내에서 다 해결할 수 있게 해볼게.
- 소비자: 그래, 입지는 좀 떨어져도 이 정도 서비스를 누릴 수

있다면 어느 정도 감수할 만 하겠어. 굳이 밖에 나가지 않아

도 되겠는걸?

자, 이제 이 프로세스를 지식산업센터에도 대입을 한 번 해볼

까요?

■ 지식산업센터 공급 트렌드

수많은 소형공장들이 아파트형공장이 되었다가, 산업트렌드

변화에 발맞춰 섹션형 오피스로 지금의 지식산업센터가 되었

다가, 이제는 업무 뿐만 아니라 다양한 커뮤니티 시설을 갖춘

복합적 단지로 발전해가는 과정. 아파트의 변화와 너무 닮아있

지 않나요? 심지어 아파트가 대형-〉초대형-〉중형-〉소형 평수

위주로 바뀌어 가는 것도 지식산업센터 분양평수의 변화와 매

우 닮아 있습니다.

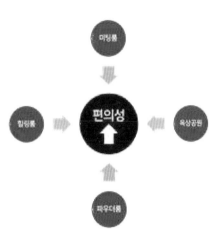

　아파트, 지식산업센터 트렌드의 변화는 다름 아닌 소비자의 니즈 때문입니다. 그럼 그 니즈가 과연 무엇이냐? 아주 쉽게 한 단어로 말하자면 '편의성'입니다. 위에서 언급한 많은 서비스는 결국 이 '편의성 향상'이라는 목표를 구현하기 위한 수단들입니다. 그렇다면 현재의 지식산업센터는

　1. 입지라는 전통적 기준에 더해 2. 편의성을 얼마나 잘 갖추고 있느냐로 판단기준을 보다 단순명료화 하면 조금 더 쉽게 접근하고 선택할 수 있다는 거죠.

　이게 제가 여태까지 장황하게 주절주절 이야기를 늘어놓은

이유입니다. 물론 누구나 다 필요한 주택보다는 지식산업센터가 수요와 공급에 더 민감한 것은 사실입니다. (넓은 의미에서 보자면 공급/수요가 입지에 포함되기도 합니다만, 여기서는 입지를 좀 더 '위치(Location)'적인 측면에서 바라보도록 하죠.) 그럼 지식산업센터를 선택할 때 판단기준은 이렇게 정리해 볼 수 있을 것 같습니다.

1. 입지: 위치, 역세권, 대중교통접근성, 차량접근성
2. 수요: 수요(기업)≥공급(지식산업센터)
3. 편의성: 커뮤니티+상업인프라

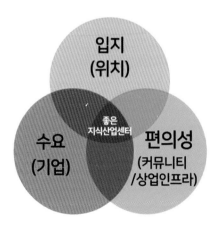

일단 이 기준들을 충족한 이후에 향, 층, 조망 등 세부요소들을 고려해 호실을 결정하면 되겠죠? 부동산 사무실에 있다보면 간혹 이런 전화를 하시는 임대인 분들이 계십니다. "저 진짜 좋은 호실 갖고 있거든요~ 향도 좋고 고층이라 조망도 엄청 좋아요. 그러니 매매나 임대 좀 신경써서 해주세요~" 일단 이렇게 전화가 먼저 온다는 것은 임대인 분이 굉장히 불안하고 초조한 상태라는 건데요, 이 정도면 어떤 건물인지 묻지 않아도 어느 정도 감이 옵니다. 호실이 좋으면 뭐 합니까... 정작 건물이 에러인데요... ㅜㅜ 오늘은 지식산업센터를 변화시키고, 또 우리가 지식산업센터를 선택할 때 꼭 알아두면 쓸모있는 지식산업센터의 판단기준에 대해 제 나름대로 말씀드려 보았습니다. 오랜만에 쓰는 포스팅인데 도움이 좀 되셨으면 좋겠습니다.

알아두면 쓸모있는
지식산업센터 매커니즘
-3편-

우리의 일상은 잠시 멈춰가지만 경제는 계속 움직이고 있으니, 우리도 무브무브무브!! 부동산은 움직이지 않지만 부동산의 가치는 계속 움직인다는 사실! 그동안 서울, 수도권 지식산업센터를 제 나름대로 분석하면서 지식산업센터 시장을 움직이는 메커니즘에 대해 살펴보고 있습니다. 오늘은 전편에서 예고드린대로 도시개발 구조의 비교를 통해 좋은 지식산업센터를 위한 마지막 톱니바퀴에 대해 좀 더 자세히 알아보도록 하겠습니다.

〈자족시설용지의 등장〉

　요즘 대부분 지식산업센터는 '자족시설용지'라는 땅에 들어선 다는 것 알고 계시죠? 이 부분은 제가 〈지식산업센터-수도권편〉에서 언급을 드렸었는데요. 이 자족시설용지만 잘 살펴봐도 그 지역의 기업수요와 기업인프라를 파악하는데 큰 도움이 됩니다.

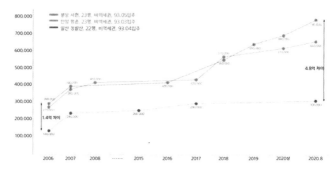

◆ 1기 신도시 아파트 실거래가 비교　출처: 국토교통부

　위 그래프는 제가 일산, 분당, 그리고 중간지점인 평촌 이 3 곳의 1기 신도시에서 비슷한 위치, 비슷한 면적, 비슷한 시기에 입주를 시작한 어떤 아파트들을 임의로 지정해서 실거래가를 조사해 그래프로 만들어 본 것입니다. 이 차이는 단순히 강남 과 강북이기 때문에 생긴 걸까요?

　분당과 일산을 비롯한 1기 신도시들이 발전하던 때에는 대한

민국 경제가 미친듯이 성장하던 시기였습니다. 기업들은 우후죽순 생겨났고, 서울 하나만으로는 버겁던 시절이었죠. 대한민국 돈있는 기업들은 앞다투어 강남으로 모여들었고, 여러 기업들이 확장과 이전을 통해 분당, 그리고 현재는 판교까지 흘러들어가게 되었죠 그 당시 일산 주민들의 주요 직장은 종로, 광화문이었는데, 이 지역은 그때부터 이미 강남에 비해 성장동력이 많이 약해져 있었습니다. 위치의 차이가 경제산업 구조 변화, 그리고 대체가능한 다른 신도시 개발과 맞물려 나비효과가 되어버렸습니다.

자, 이렇게 분당은 제2의 강남으로 자리를 잡게 되고, 일산은 살기 좋은 베드타운이 됩니다. 두둔! 베드타운이 무조건 나쁜 것은 아니지만 한 도시가 성장하는데는 마이너스 요인이 되곤 합니다. 도시 내에서 경제활동이 잘 일어나지 않기 때문이죠. 생산도 하고 소비도 하고 경제활동이 일어나야 세금도 걷고 공공시설, 편의시설, 복지시설도 짓고, 그러면 기업들이 또 투자를 하고, 그럼 소비시설도 짓고, 그렇게 계속 선순환이 되는 법이니까요. 그래서 정부는 이 크나큰 시행착오를 거쳐 2기 신도시부터는 '자족시설용지'라는 카드를 꺼냅니다. 신도시 또는 택지개발지구의 자족기능을 높이기 위해 도입한 용지. 베드타운화된 1기 신도시의 한계를 극복하기 위해 1995년 도입됐다.

목적이 명확하게 2가지로 정리되어 있죠?

1. 신도시 또는 택지개발지구의 '자족기능'을 높이기 위해

2. 베드타운화된 1기 신도시의 한계를 극복하기 위해

이렇게 해서 2기 신도시부터는 자족시설용지를 통해 생산기능을 수혈하도록 설계됩니다.

〈자족시설용지의 비율〉

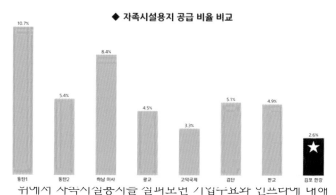

위에서 자족시설용지를 살펴보면 기업수요와 인프라에 대해

알 수 있다는 말씀을 드렸죠? 동탄과 하남을 보면 자족시설용지의 비율이 매우 높다는 걸 알 수 있는데요, 애초에 기업인프라가 부족하기 때문에 비율이 높다고 할 수 있습니다. 산업단지나 기업들이 거의 안 보이는 하남이야 이해할 만도 한데, 동탄은 의외죠? 동탄이 자리한 화성과 배후도시 수원은 합쳐서 인구만 이미 200만인 도시입니다.

이 정도 인구의 자족기능을 갖추려면 그만큼 더 많은 기업들이 필요하기 때문에 동탄의 자족시설용지 비율이 높다고 볼 수 있겠습니다. 그에 비해 김포의 자족시설용지 비율은 거의 25~30% 수준에 불과 한데요, 인구 20만도 채 안 되던 이 도시는 90년대 말부터 제조/유통산업으로 체질을 바꾸기 시작해 인구 47만명, 20여개 산업단지, 28,000여개의 업체가 일하는 공업도시가 되었습니다. 강화도를 가보신 분들이라면 보셨을 광경일텐데, 김포에서 강화도를 들어가는 길은 전부 다 공장지대죠.

2기 신도시 중 가장 천대 받았던 곳 중 하나인 김포 한강신도시가 들어서기 시작한 2010년 이전에 이미 이 도시는 기업인프라를 충분히 갖춰놓은 상태였기 때문에 김포 한강신도시의 자족시설용지 비율은 타 지역에 비해 상대적으로 높을 필요가 없었던 겁니다.

자족시설용지 비율을 통해서 도시의 기업수요와 인프라를 대략적으로 진단해 보았는데요, 비율이 높든 낮든 계획한만큼 기업이 들어와 준다면 모두가 행복한 세상이 되겠죠? 하지만 문제는 꼭 계획대로 되지 않을 때 발생하는 법이죠. 2기 신도시를 개발하기 시작한 2010년대의 대한민국 경제는 이미 고점에 다다랐습니다. 경제발전을 위한 성장동력이 뚝 떨어져서 새로 생기거나 확장하는 기업이 많이 줄어버렸죠. 가뜩이나 서울에 있는 기업들을 분산시키기 위한 목적도 있었는데, 도통 이전할 생각도 안하죠.

"어떻게 들어와서 어떻게 버티고 있었는데, 우리보고 변두리로 나가라고?" 맞는 이야기죠. 공공기관이나 공기업이야 어떻게든 지방으로 내려보낼 수 있었지만 민간기업들은 서울에서 꿈쩍을 안 하니 대략 난감한 상황... 그럼 인서울 기업들이 신도시의 자족시설용지를 이렇게 외면할 때 지역기반 기업들은 쌍수들고 환영했을까요? 2기 신도시들이 자리를 잡아가는 현재는 많이 나아졌지만 초창기 자족시설용지는 이들에게도 외면받았습니다. 아파트형공장, 지식산업센터에 익숙하지 않았던 것도 있지만, 대부분 자족시설용지는 구조적으로 중대한 결함을 가지고 있었기 때문입니다.

〈2기 신도시의 기본적인 도시개발 구조〉

어떤 지역이든 이렇게 교통거점인 지점, 혹은 예정된 지점이 있습니다. 도시는 그 지점을 중심으로 설계가 되죠. 여기서는 그 지점을 쉽게 지하철 '역' 이라고 하겠습니다. 그럼 그 역(교통거점)을 중심으로 상업지구를 형성합니다. 사람들이 보통 중심상업지구라고 이야기하는 곳이 바로 이 지역이죠. 그리고 그 상업지구를 둘러싸고 택지지구가 들어가는데요, 수많은 아파트들과 상가주택들이 여기에 지어집니다. 상업지구와 택지지구를 지나면 자족시설용지가 나옵니다. 상가, 오피스텔, 병원 등은 자족시설용지에도 지을 수 있지만, 지식산업센터는 자족시설용지에만 지을 수가 있답니다.

그런데 왜 자족시설용지에는 보통 지식산업센터들만 옹기종기 모여 있는 걸까요? 그건 바로 역(교통거점)에서 멀리 있기 때문이죠. 자족시설용지는 보통 역에서 1km 정도 거리가 되는네요, 그래서 교통접근성이 떨어지고, 상업지구에서도 거리가 좀 있다보니 편의성도 썩 좋은 편이 아닌 경우가 많습니다. 역에서 1km 떨어진 오피스텔을 사람들이 얼마나 선호할까요? 역에서 1km 떨어진 상가에 사람들이 얼마나 찾아가려 할까요?

1. 교통접근성 부족
2. 편의성 부족

이게 바로 자족시설용지에는 지식산업센터가 아닌 다른 건물들이 잘 들어서지 않는 이유가 됩니다. 지식산업센터들만 모여있게 되면 비즈니스적으로는 시너지가 되기도 하겠지만, 어쩔 수 없이 '공동화 현상'이 생겨, 평일 저녁과 주말에는 유령도시처럼 보이게 되죠. 쉽게 생각해서 기업들은 은행업무들이 얼마나 많은데, 들어와 있는 은행은 꼴랑 1~2개에 불과하고, 매번 상업지까지 차를 타고 나가야 한다면 이 얼마나 불편한 일인가요? 어떤 지역을 분석할 때 위 그림처럼 간단하게 도형화를 해보시면 정리하시는데 도움이 많이 되실 겁니다.

그럼 보통의 자족시설용지가 갖추기 어려운 '교통접근성과 편의성'을 얼마나 잘 갖추고 있는지, 혹은 어떻게 해결하고 있는지를 살펴보면 좋은 지식산업센터를 조금 더 쉽게 선별할 수 있겠죠? 좀 더 넓은 의미에서 보자면 교통접근성 또한 편의성의 범주에 들어간다고 할 수 있으니, 키워드는 '편의성'이 되겠네요.

〈알아두면 쓸모있는 지식산업센터 메커니즘〉의 마지막 톱니바퀴는 바로 이 '편의성'이라는 걸 바로 이전 포스팅에서 말씀드렸습니다. 그리고 오늘은 2기 신도시의 도시개발 구조가 자족시설용지 내 지식산업센터의 편의성에 어떤 영향을 미치는지도 알아보았습니다. 기본적으로 입지와 수요에 더해 편의성까지 잘 갖추고 있으면 활성화도 훨씬 빨리, 잘 될 수 있겠죠?

알아두면 쓸모있는
지식산업센터 매커니즘

-마지막편-

지식산업센터의 편의성이 잘 갖춰질 수 밖에 없는 도시개발구조를 가지고 이야기를 해볼까 합니다. 자족시설용지 자체가 역에서 멀기 때문에 접근성에서 문제가 발생하고, 상업지구와도 거리가 있기 때문에 상업편의성도 좋지 않아 불편을 겪는 경우가 종종 생기곤 합니다. 그런데 기업을 유치하기 위한 용지가 이런 불편함이 있으면 당연히 기업유치가 어려워지고, 그럼 계획했던대로 자족기능을 갖춘 도시로 성장하는게 어렵겠죠? 그래서 이제는 도시개발 구조를 조금씩 변형해가면서 리스

크를 최소화하려는 시도들이 나타납니다.

김포한강신도시에 구래지구라는 곳이 좋은 예인데요, 주택시장에서 천대받아왔지만, 김포한강신도시는 꽤나 짬밥이 되는 신도시입니다. 김포한강신도시는 운양지구, 장기지구, 구래지구 세 지구로 이루어지는데, 2010년 이전부터 장기지구를 개발하고, 운양지구를 거쳐 이제 마지막으로 구래지구라는 곳이 한창 개발중입니다. 택지지구는 개발이 다 끝났고, 중심상업지구는 대략 70% 정도 완성단계이며, 자족시설용지는 이제 40%정도 개발이 진행되고 있습니다.

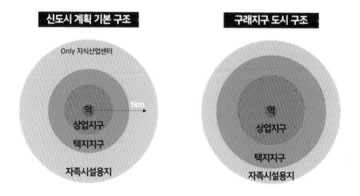

구래지구의 기본적인 도시개발 구조도 크게 다르진 않습니다만, 기본구조와 어떤 점이 다른지 보이시나요? 상업지구와

택지지구가 상대적으로 크고 자족시설용지는 상대적으로 작죠? 구래지구의 중심상업지구는 약 7만평으로 면적이 매우 큰 편에 속하구요, 실제로도 김포 전체, 인천 서구, 일산과 비교해도 가장 큰 상업지입니다.

구래지구의 택지는 계획세대만 28,000세대로 왠만한 지방 중소도시급 규모인데, 인접한 양곡이라는 구도심의 5,000세대까지 동일생활권에 편입이 되어 33,000세대가 공급되죠. 보통 신도시의 택지가 1만~2만세대 정도 되니까 상대적으로 크게 그려두었습니다. 마지막으로 자족시설용지는 저번 포스팅에서도 설명드렸는데요, 김포한강신도시의 자족시설용지 비율이 타 신도시에 비해 현저하게 적다는 것 기억나시나요? 그래서 자족시설용지 면적 비율이 더 작게 표시되어 있는 것입니다. 자족시설용지의 공급이 적다는 건 들어갈 수 있는 지식산업센터도 그만큼 적다는 의미가 되겠죠?

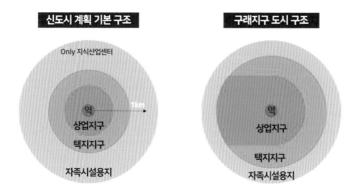

그런데 구래지구의 도시개발 구조는 여기서부터 방향이 조금 달라지기 시작합니다. 바로 이 상업지구를 아애 자족시설용지와 인접하게 설계한거죠. 그럼 위에서 언급했던 불편했던 상업 편의성이 대폭 향상되는 효과가 생깁니다.

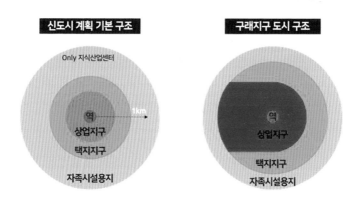

자, 갑자기 상업지구가 빨간색으로바꼈죠? 이 거대한 상업지

가 바로 1종 위락 시설 입점이 가능한 유흥상권이기 때문입니다. 그냥 식당, 카페 등 근린생활시설들만 즐비한 곳이 아니라, 나이트클럽, 룸살롱, 노래주점, 노래타운, 클럽 등이 들어오는 유흥가가 된다는 이야기죠. 그럼 지식산업센터에 미치는 영향이 무엇일까요? 지식산업센터는 비즈니스가 일어나는 곳입니다. 비즈니스와 상업지구와는 상식적으로도 아주 밀접하죠? 없으면 없는대로 지식산업센터들이 모여있는 자족시설용지가 충분히 돌아갈 수 있겠지만, 이런 빨간 상업지가 바로 옆에 있으면 당연히 활용가치가 올라갈 수 밖에 없습니다. 이 빨간 상업지에 대한 설명은 이쯤에서 생략하도록 하겠습니다.

김포에도 지하철이 있다는 사실은 이제 많은 분들께서도 알고 있는 사실입니다. '김포골드라인'이라는 이 전철은 김포의 교통 문제에 숨통을 트여주었습니다. 시점에서 김포공항까지 30분. 덤으로 정시성 확보까지... 혁명적인 시스템 변화였습니다.

하지만 그럼에도 불구하고 구래지구의 자족시설용지는 혁명적인 변화를 체감하지 못 했을 수도 있습니다. 자족시설용지의 위치가 보통 다른 신도시와 마찬가지로 역(구래역)에서 1km

떨어져 있었기 때문이죠 여기에서 드라마틱한 변화가 한 번 또 일어나게 됩니다.

원래 김포골드라인의 시종점은 지금 상업지구 안에 표시된 역인 구래역입니다. 구래지구 택지의 아파트 28,000세대가 가득 들어차서 내년이면 입주가 완료되는데, 주거인구는 계속 유입이 되다보니 김포시가 고민 끝에 내놓은 해결책이 바로 역을 하나 더 신설하는 것이었죠. 전철차고지인 김포한강차량기지 바로 앞에 역을 하나 더 만들어서 역세권 개발을 하면서 아파트를 더 짓겠다는 거죠. 그 역이 바로 김포골드라인의 시종점인 '양촌역'이구요, 자족시설용지에서 불과 300M 거리에 위치하게 됩니다. 두둔!!

교통접근성이 그다지 좋지 않은 자족시설용지가 갑자기 역세권이 되어버렸더니 어떤 변화가 일어났을까요? 저번 포스팅에서 자족시설용지에도 상가,오피스텔,병원 등 다양한 건물들이 생길 수 있지만, 교통접근성이 떨어지기 때문에 수익성이 별로 좋지 않아 짓지 않는다는 말씀을 드렸습니다. 그게 자족시설용지에 지식산업센터들만 모여있는 이유이기도 하구요.

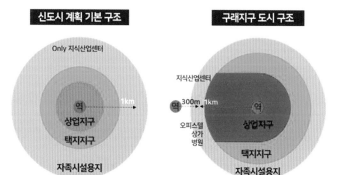

구래지구 内 지식산업센터 활성화 요인 多

　하지만 이렇게 자족시설용지의 교통접근성과 상업편의성이 해결 되었더니 오피스텔, 상업시설, 의료시설들이 들어오게 됩니다. 안 그래도 김포의 자족시설용지는 공급이 적은데, 그 자족시설용지를 오피스텔, 상업시설, 의료시설과 나눠 쓰게 되면 당연히 지식산업센터의 수요 대비 공급은 희소해 질 것이고, 이것은 추후에 임대와 매매에도 긍정적이겠죠? '편의성 부족'이 해결되었더니 지식산업센터의 활성화 요인이 다양해졌습니다. (그럼 그 좋은 조건에 지식산업센터를 짓지, 왜 오피스텔이나 다른 상가를 짓느냐는 물음이 생기실 수 있습니다. 지식산업센터... 짓고 싶어도 아무나 지을 수 있는 게 아닙니다. 규모와 들어가는 돈의 차이가 최소 2배부터 차이나는 시행사업이니까요. 적당한 기업은 적당히 땅 1필지에 오피스텔 짓는게 더 안전하고 쉬운 사업이라는 얘기죠.)

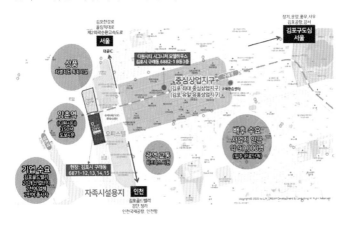

이렇게 김포한강신도시는 장기지구, 운양지구를 개발하면서 겪은 시행착오를 통해 구래지구에서는 상당 부분 개선하기에 이릅니다. 저도 분석을 하면서 느낀 점입니다만, 솔직하게 이 도시설계는 굉장히 잘 짜여져 있고, 고심을 한 흔적이 곳곳에 보입니다. 물론 완전히 서울이나 인접한 다른 지자체들에게서 독립적일 수는 없겠지만, 적어도 구래지구는 '자족'기능이 어느 정도 원활하게 작동할 수 있겠다는 생각이 들었습니다. 아래는 실제 김포한강신도시 구래지구의 지도입니다. 어떤가요?

제가 위에서 그림으로 설명드린대로 인가요? 판단은 여러분들의 몫입니다.

섹션형이 좋을까요?
드라이브 인이 좋을까요?

지식산업센터에 대해서 많이 물으시는 질문들 중 하나가 "섹션형 오피스가 나을까요? 아니면 드라이브인 시스템이 나을까요?" 인데요, 이건 저도 참 대답해드리기가 어렵습니다 ㅡㅜ (제가 뭐가 좋다고 하면 그대로 하시는 것도 아니시구...;) 건물마다 지역마다 차이가 있는 것은 물론이거니와 케이스 바이 케이스에 개인 취향 차이까지 포함된 영역이기 때문이죠. 제 나름대로 섹션형과 드라이브인에 대해 간단하게 정리해 보려고 합니다. (사실 요즘 칼럼들이 너무 깊이있고 길었던지라......) 아래에 정리하는 내용들은 상대적, 보편적인 것들이며, 상황에

따라 달라질 수 있다는 점 꼭 알아주시기 바랍니다~

1.차량진입 여부

- 섹션형: 불가능
- 드라이브인: 가능

섹션형 지식산업센터 (디원시티 1차)

당연히 주차장 외에 건물내부로 차량진입이 가능한지 여부 이구요, 드라이브인이 가능한 경우는 대부분 주차장이 가운데에 운동장처럼 있고, 주변을 각 호실들이 둘러싸고 있는 경우가 많습니다. 다만 이 경우에는 차량진입이 몇 톤까지 가능한

지, 내 호실 문 앞까지 차량진입이 가능한지, 나아가 각 호실마다 전용 하역공간이 있는지 확인해 보시면 좋습니다. 개방형주차장인지, 주차공간은 주차공간대로 있고 이동통로가 따로 있는 복도식인지도 체크해보시구요. 또한 차량출입로가 곡선형인지, 직선형인지에 따라 약간의 차이도 있는데요. 아무래도 건물 내부의 효율적인 공간 구성에는 곡선형이 조금 더 유리한 면이 있습니다.

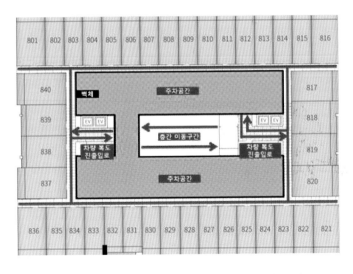

드라이브인 지식산업센터 (이젠지식산업센터–좌: 복도형/직선형)

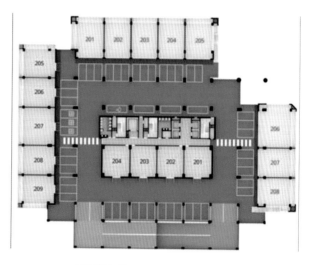

평촌에이스하이필드-우: 개방형/곡선형)

2. 건물 수명

- 섹션형: 상대적으로 길다

- 드라이브인: 상대적으로 짧다

내 집 복도에 차가 들어온다고 생각해 보면 이해하기 쉬우시 겠죠? 아무리 쓸고 닦아도 승용차 뿐만 아니라 2.5t~5t 트럭들 이 들락날락 하는 건물이 사무공간 위주로만 모여있는 건물보 다 수명이 길 수가 없겠죠? 드라이브인의 주차장에서는 공회전 도 훨씬 많고, 무거운 장비나 화물들도 훨씬 많으니 그럴 수 밖에요. 건물외관만 봐도 섹션형보다 더 빨리 늙어버린 드라이브 인 지산을 이미 보신 분들도 많으실 겁니다.

3. 입주 업종군

- 섹션형: 4차산업/사무업무 위주
- 드라이브인: 제조업/유통업

지식산업센터(아파트형공장)을 초기에 만든 이유 중 하나가 사실 이것 때문이었습니다. 지식산업센터에 관한 법 이름이 뭔지 기억나시나요? '산업집적활성화 및 공장설립에 관한 법률' 핵심은 '집적'이라는 단어입니다. 비슷한 업종끼리 모아 놓으면 시너지가 날 거라는 계산이 있었죠. 물론 관리도 훨씬 수월하구요. 화물트럭과 하역장이 필요한 업종들끼리 모이고, PC와 인터넷이 중요한 업종들끼리 모이게 되는 법이죠.

4. 주요 평형

- 섹션형: 소형~중형 위주(10~20평)
- 드라이브인: 중형~대형(30평 이상)

애초에 지향하는 바가 다른 지식산업센터죠. 4차산업 군의 기업들은 직원들이 적은 경우가 제법 많습니다. 직원들 각자에게 컴퓨터 하나 놓을 공간이 더 중요하죠. 20평 정도면 4~5명의 직원들이 일하기에 사실 큰 불편함은 없습니다. 대신 스낵바는 없을 수 있겠지만... 드라이브인이 필요한 기업들은 물건을 적재하거나 대형장비를 놓을 공간이 우선입니다. 그러다보니 기본적인 평수 자체가 섹션형보다는 클 수 밖에 없는 것입니다.

5. 관리비

- 섹션형: 상대적으로 싸다
- 드라이브인: 상대적으로 비싸다

관리비야 쓴 대로 나오는게 맞죠 ㅎㅎ IT기업 중에서 데이터 관련 업들은 돌려야하는 서버컴퓨터들만 수대~수십대가 있기 때문에 전기료도 만만찮기는 합니다만, 출입하는 차량들도 관리하고 관련 유지보수 비용도 높은 드라이브인이 관리비가 조금 더 비싸다고 보는게 맞을 듯 합니다. 거기다 대형 설비들까지 감안하면.....

6. 선호 타입

- 섹션형: 고층/조망/승객용EV 대수 및 위치
- 드라이브인: 저층/층고/화물용EV 대수 및 위치

이것 또한 케이스와 취향에 따라 많이 갈리기는 하지만 보통 저런 기준들을 갖고 보시는 듯 합니다. 섹션형이야 20층 이상 되는 고층에 조망까지 확보된 호실들부터 우선적으로 나가는데, 사실 사장님은 고층을 좋아하는데 직원들은 별로 안 좋아한다는 얘기들도 많이 돕니다. 업무, 식사, 커피, 담배 등 나갈 일은 있는데 나가기가 너무 불편하다고들 하죠. (아, 사장님들이 그래서 일부러 고층을 선호하시는 건 아닌가 하는 생각도 드네요 ㅎㅎ) 드라이브인은 화물트럭들이 왔다갔다 하는데 우리 사무실이 10층에 있다고 생각을 해보세요. 뺑글이를 9번을 해야 하는데... 기사나 직원들 입장에서는 당연히 화 나겠죠? 드라이브인 가능 중량이 보통 5t인데, 그 이상의 화물차에 적재를 해야 한다면 화물EV가 중요할 수 밖에 없구요.

7. 체크포인트

- 섹션형: 인프라
- 드라이브인: 화물 이동 경로

사실 오늘 제가 얘기하고자 하는 핵심은 바로 여깁니다. 당연히 수요가 중요하다는 것은 기본적인 체크사항이구요, 섹션형은 인적자원을 중심으로 움직이고, 드라이브인은 물적자원을 중심으로 움직입니다. 그렇다면 섹션형은 직원(사람)에게 유리한 포인트가 많을수록 좋은 것이고, 드라이브인은 화물(유통)에게 유리한 포인트가 많을수록 좋다는 이야기죠. 따라서 섹션형은 주거세대가 많고, 대중교통이나 승용차 접근성이 좋고, 누릴 수 있는 상업인프라도 잘 갖춰져 있을수록 인력 수급에 훨씬 유리할 것이고, 드라이브인은 화물의 이동(유통)경로를 파악해서 자리를 잡는게 물류비용 절감에 훨씬 유리할 것입니다. 인천항의 컨테이너를 통해 수출하는 기업이 많은지, 수입을 해서 유통을 하는 기업이 많은지, 서울권에 납품하는 기업이 많은지 여부에 따라 드라이브인 지식산업센터를 살펴보시면 좋을 듯 합니다.

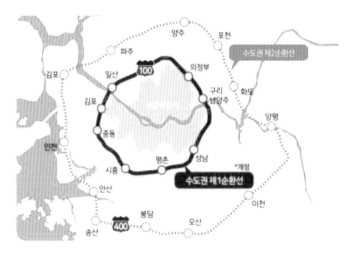

마지막으로 표로 깔끔하게 한번 정리해 놓았으니 스윽 훑어 보시고 지식산업센터 투자 또는 실입주 하실 때 참고하시면 좋 겠습니다! 판단은 각자의 몫으로 남겨둘게요~!

섹션형	VS	드라이브인
X	차량 진입	O D2D(도어투도어)여부 확인 몇 톤까지 가능한지 확인 사무실 앞 전용하역공간 확인 직선/곡선형 여부
상대적으로 길다	건물 수명	상대적으로 짧다
4차산업, 사무업무 위주	업종군	제조/유통업
소형/중형 (10~20평)	주요 평형	대형(20~30평 이상)
상대적으로 낮다	관리비	상대적으로 높다
고층 조망 승객용 EV 대수/위치	선호 타입	저층 층고 화물용 EV 대수/위치
인프라	체크포인트	화물 이동 경로

지식산업센터 배후수요는 어떻게 알아보나요?

제가 계속 제 영업기밀에 대해서 여러분들과 공유하고 있는데, 도움이 되고 있는지 모르겠습니다. 상담을 하다보면 자주 듣는 질문 중 하나가 바로 '배후수요'인데요, 이번 시간에는 이 '배후수요'를 알아보는 방법에 대해 얘기해볼까 합니다. 제가 데이터를 찾고, 수집하고 그걸 들여다보면서 분석하는 가장 기본단계이니까 여러분들도 이 글을 보고 나면 조금 더 쉽게 접근하실 수 있을 거라는 생각이 듭니다.

일단 가장 쉬운 방법은 직접 가보는 거겠죠? 직접 가서 보고 느끼는게 가장 확실합니다. 부동산도 들어가보고, 컨테이너 분양사무실도 들어가보고, 여러 사람한테 여러 이야기를 듣는 것도 중요합니다. 다만, 우리는 어떤 내용을 걸러들어야 할지 필터링을 해야겠지요? 그래서 아투연에서도 정기적으로 계속 임장을 진행하구 있구요, 김포 구래는 저녁, 심야에도 임장이 가능합니다~! 그래도 뭔가 수치적인 데이터가 있으면 더 좋겠죠? 그럴때 바로 우리는 '통계'라는 걸 활용해야 합니다. 배후수요는 크게 3가지 관점에서 접근해 볼 수 있겠습니다.

1. 기업수요
2. 주거수요
3. 상업수요

1. 주거수요 알아보기

가장 쉬운 주거수요를 먼저 알아보도록 할까요? 아, 지식산업센터에 주거수요가 왜 중요하냐구요? 기업을 유지하는 가장 큰 요소는 사람이기 때문이죠 "사람이 미래다" 돈도 중요하고, 기술도 중요하고, 정보도 중요하고 중요하지 않은게 어디 있겠습니까만은, 그걸 다루고 운영하는 건 다름 아닌 사람이니까요. 주거세대가 많다면 인력수급도 훨씬 수월할거고, 인력수급이 수월하다는 건 주변에 인프라도 더 잘 갖춰질 수 있다는 의미도 되구요. 그럼 이건 어디서 알아보느냐, 각 지자체 홈페이지에 가면 인구조사를 해놓은게 있는데, 보통 통계정보에 있습니다.

김포시청 인구브리핑 (2020.08)

김포시는 이걸 너무 이쁘게, 보기 좋게 잘 디자인 해 놓았더라구요. 지금 현재 구래동은 4만명 정도 인데, 최근에 바로 옆에 마산동을 행정구역상 분동을 시켰기 때문이구요, 같은 생활권인 구래동+마산동+양촌읍 을 더하면 구래지구만 10만명에 이르는 도시라는 걸 알 수 있습니다. 고촌과 김포본동의 인구증가는 최근에 아파트 입주가 시작되었기 때문이구요.(걸포메트로자이, 향산 힐스테이트) 이렇게 통계정보를 활용하면 그 지역의 이슈도 파악해 볼 수 있다는 사실!

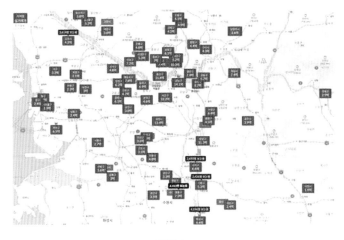

호갱노노

거기에 뭐 요즘은 많이들 알고 계시겠지만, 호갱노노나 네이버/다음부동산에만 들어가도 아파트와 오피스텔 정도는 세대수와 입주시기도 다 나옵니다. 매매, 전세는 물론 심지어 월세가격까지 나오죠. 거래가격의 추이를 보면 이 지역이 고점인지, 저점인지, 앞으로 더 오를 곳인지 완벽하진 않지만 나름대로의 기준은 세울 수 있습니다.

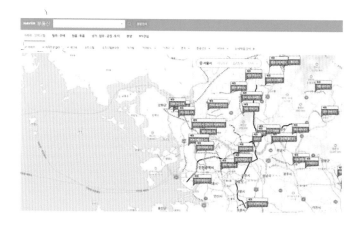

네이버부동산

2. 상업수요 알아보기

다음은 지식산업센터 활성화에 중요한 요소 중 하나인 상업수요에 대해 알아보겠습니다. 상업지구가 가까운 지식산업센터일수록 활성화와 임대에 유리하다는 말씀은 그동안 많이 드렸었죠? 상업수요는 데이터보다 직접 가서 확인하는게 제일 정확하긴 합니다. 데이터를 얻기 어려울 뿐더러 수치만으로는 체감하기 어려운 부분들이 있기 때문이죠. 기업이나 프랜차이즈들은 요즘 빅데이터를 제공하는 업체들에게 비용을 지불하고 이런 데이터를 주기적으로 전달받고 있고, 그 업체들은 카드사들을 통해 승인내역건수를 취합하죠.

소상공인 상권분석시스템

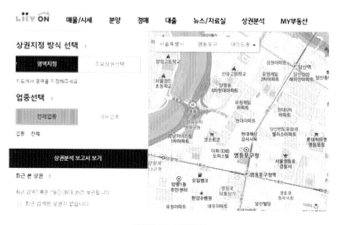

KB리브온 상권분석

하지만 우리같은 일반인들은 이런 데이터를 얻기 어렵기 때문에 대안이 있긴 합니다. 소상공인 상권분석시스템과 KB리브온의 상권분석은 무료로 이용이 가능하구요, 원하는 업종과 지정한 범위의 전체평균매출과 점포당평균매출을 확인할 수 있습니다. 아울러 역세권 상업지역은 지하철 이용객수를 통해 유동인구도 알아볼 수 있는데요, 서울/수도권의 지하철의 경우 경기도교통정보센터에서 지하철이용객을 볼 수 잇는데, 현재는 2018년까지 확인 가능하네요.

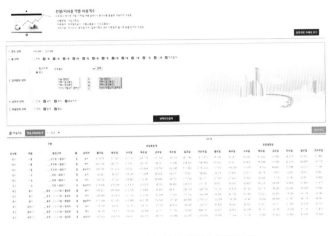

경기도 교통정보센터 전철/지하철 이용객수 DB

3. 기업수요 알아보기

기업수요 역시 일반인이 알아보기 쉽지는 않습니다. 지자체별로 통계를 내는데, 그 기준도 제각각이고, 꾸준히 업데이트가 잘 되는 곳이 있는 반면, 그렇지 않은 곳도 있습니다. 그렇다고 해서 정부기관에서 취합해서 업로드를 하지도 않죠. 가장 쉬운 방법은 지도를 보는 겁니다. 지식산업센터는 산업단지와 뗄래야 뗄 수 없는 관계입니다. 우리나라 지식산업센터의 메카인 가산,구로도 결국 나라에서 지정한 산업단지잖아요? 지도를 보면 산업단지들과 도로, 지형까지 잘 표시 되어 있습니다.

일단 주변에 산업단지들이 얼마나 있고, 규모는 어느 정도이며, 내가 보는 현장과는 얼마나 떨어져 있느냐를 확인해야 하고, 도로와 지형을 통해 그 산업단지가 내가 보는 지역만의 수요인지, 아니면 다른 곳들과의 공동수요인지도 확인하면 좋겠죠.(수요를 나눠먹는지 여부를 판단해야 한다는 겁니다.)

성남일반산업단지(좌) 김포산업단지(우)

예를 들면 군포공단 같은 경우에는 군포, 의왕, 안양 모두의 수요이고, 동탄테크노밸리 같은 경우에는 화성, 수원, 용인 나아가 성남과 오산의 수요가 될 수도 있습니다. 반대로 성남일반산업단지와 김포산업단지의 경우는 오롯이 성남과 김포만의 수요가 되겠죠. 자, 지도를 보면서 대략적인 지역 파악이 끝났다면 이제는 데이터를 좀 조사해야겠습니다. 각 지자체별로 주요통계나 기업/경제관련 통계를 제공하는데 직접 확인할 수도 있는데, 간혹 업데이트가 안되어 있거나 제공이 안되는 곳들도 있습니다. 그런 경우에는 행정정보공개를 통해 정보열람을 요청하시면 공무원분들께서 2~3일 내로 답변을 주신답니다.

큰 꿈이 있는 기회의 땅,
서울디지털산업단지

1만여개 기업이 입주한 서울디지털산업단지.

13만명의 상주 근로자와 5천4백여 명의 외국인 근로자는 바로 이곳, 금천구에서 글로벌 산업단지로 도약하려는 불씨를 키우고 있습니다. 서울디지털산업단지는 더 이상 국내인들만의 무대가 아닙니다. 코리안 드림을 꿈꾸며 시선을 세계로 향하고 있는 외국인 근로자들의 치열한 삶의 무대이기도 합니다.

구분	1997	2000	2005	2010	2019.05
입주기업수	442	712	5,124	10,072	11,888
지식산업센터수	4	6	48	104	116
생산(십억원)	3,694	5,147	5,411	10,996	11,839('18)
수출(백만불)	2,727	1,591	1,555	1,972	297('18)
고용(명)	31,987	32,958	72,895	124,040	145,616

김포시청 주요통계

금천구청 기업/경제정보

　기업수요는 특정 산업단지에만 국한되는 것은 아닙니다. 모든 기업체가 산업단지 내에만 존재하는 것은 아니기 때문이죠. 예를 들어 김포의 경우, 산업단지 내의 기업은 김포 전체 기업의 20% 밖에 되지 않으니까요. 그래서 기업수요 조사는 광범위 할 수 밖에 없습니다. 전체 기업체 수를 따로 얻을 수 있는 지자체도 있고, 공장등록현황만 파악할 수 있는 곳도 있습니다. 실제로 제가 서울 20여개의 구청에 정보공개열람을 요청한 결과, 자기들이 가지고 있는 정보는 이것 뿐이라며 제가 원하는 답변을 받지 못하는 경우도 더러 있었습니다.

또는 정보공개포털을 이용해 각 지자체의 정보를 검색해 볼 수도 있으니 참고하시면 되겠습니다. 이렇게 해서 지식산업센터의 수요를 조사하는 법에 대해 알아보았는데요, 여러분들도 시간만 주어진다면 얼마든지 직접 조사가 가능하겠죠? 하지만 여러분의 시간과 에너지를 줄여드리는 사람이 있습니다. 김포 구래의 이주영 차장이라고..... 여러분의 시간은 소중하고, 저는 이게 JOB이니까요 ㅎㅎ 물론 아투연도 여러분을 도와드리고 있구요!

중요한 것은 이런 과정을 통해 지식산업센터 뿐만 아니라 부동산 투자에 대한 나만의 기준들을 세워갈 수 있다는 것과 범람하는 정보의 홍수 속에서 나만의 필터링이 가능해진다는 것입니다. 도움이 되셨으면 좋겠네요 아투연 친구업체인 김포 디원시티 이주영 차장님 글을 통해서 아마도 지식산업센터에 대한 개념과 이해 그리고 앞으로의 방향성에 대해서 충분히 이해하셨으리라 생각합니다. 부동산이라는 다양한 재화중에 지식산업센터라는 특수 분야, 공장, 시설이라는 오해와 편견을 가지고 계셨다면 아마 이 책이 그러한 오해를 풀어내는데도 충분히 도움이 되셨을것입니다.

아투연을 운영하고 있는 도정국 대표님이 항상 하는 말씀이 있습니다. 즉결 즉행, 즉시 결정하고 즉시 행동하라입니다. 어떤 일이든지 후회는 따르기 마련이고 아쉬움은 남기 마련입니다. 하지만 가장 안타까운건 아무런 일도 하지 않고 변화가 일어나기를 바란다거나 아무런 후회도 없이 평생을 살아가는 것입니다.지식산업센터의 기본에 대해서 알았다면, 앞으로더 더 많은 내용을 공부하고 싶다면, 네이버 카페 〈아투연〉이나 유튜브 〈아투연〉 또는 이주영 차장님의 블로그와

유튜브를 통해서도 더 많은 정보를 꾸준히 얻으시면서 나에게 맞는 투자처와 공부를 지속해나가시면 좋겠습니다.

아투연 드림.

초판 1쇄 인쇄 | 2020년 12월 15일
초판 1쇄 발행 | 2020년 12월 20일

지은이 | 이주영
총괄편집 | 장영광, 도정국
편집 디자인 | 창찬주, 정은희
발행처 | 청춘미디어
출판등록 | 제2014년 7월 24일, 제2014-02호
전화 | 02) 2060-2938
팩스 | 02) 6918-4190
메일 | stevenjangs@gmail.com

ISBN 979-11-87654-86-5

책값 9,900원(구천구백원)